FACULTÉ DE DROIT DE PAR

DES AVANTAGES

DU

DROIT DE PRÉFÉRENCE

PAR HYPOTHÈQUE

OU DES

DROITS DU PREMIER CRÉANCIER HYPOTHÉCAIRE

EN DROIT ROMAIN

DISTINCTION & INDÉPENDANCE

DU DROIT DE SUITE ET DU DROIT DE PRÉFÉRENCE

EN MATIÈRE DE PRIVILÈGES ET HYPOTHÈQUES

EN DROIT FRANÇAIS

THÈSE POUR LE DOCTORAT

Par Claude ANCELME

AVOCAT A LA COUR D'APPEL DE PARIS — LAURÉAT DE LA FACULTÉ DE DROIT DE TOULOUSE
(Concours de Licence de 1876)
(PREMIER PRIX DE DROIT ROMAIN ET PREMIER PRIX DE DROIT FRANÇAIS)

PARIS

LIBRAIRIE NOUVELLE DE DROIT ET DE JURISPRUDENCE

ARTHUR ROUSSEAU, ÉDITEUR

14, RUE SOUFFLOT ET RUE TOULLIER, 13

1881

THÈSE

POUR LE DOCTORAT

Chateauroux — Imp. Nourri, MAJESTÉ, successeur

DES AVANTAGES

DU

DROIT DE PRÉFÉRENCE

PAR HYPOTHÈQUE

OU DES

DROITS DU PREMIER CRÉANCIER HYPOTHÉCAIRE

EN DROIT ROMAIN

DISTINCTION & INDÉPENDANCE

DU DROIT DE SUITE ET DU DROIT DE PRÉFÉRENCE

EN MATIÈRE DE PRIVILÈGES ET HYPOTHÈQUES

EN DROIT FRANÇAIS

L'ACTE PUBLIC SUR LES MATIÈRES CI-APRÈS SERA SOUTENU

Le Jeudi 7 Avril 1881, à midi

Par Claude ANCELME

AVOCAT A LA COUR D'APPEL DE PARIS -- LAURÉAT DE LA FACULTÉ DE DROIT DE TOULOUSE
(Concours de Licence de 1875)
(PREMIER PRIX DE DROIT ROMAIN ET PREMIER PRIX DE DROIT FRANÇAIS)

Président : M. LABBÉ, Professeur.

Suffragants :
| MM. LÉVEILLÉ, BOISTEL, | Professeurs. |
| LYON-CAEN, CAUVVÈS, | Agrégés. |

PARI

LIBRAIRIE NOUVELLE DE DROI... .T DE JURISPRUDENCE

ARTHUR RÔUSS....U, ÉDITEUR

14, RUE SOUFFLOT ET RUE TOULLIER, 13

1881

A MES GRANDS-PARENTS

A MON PÈRE   =   A MA MÈRE

A MA SŒUR

A TOUS CEUX QUE J'AIME

PRÉFACE

Si l'on ne considère que les principes fondamentaux de l'hypothèque, sa nature et son caractère, ses rapports avec les autres droits réels, son indivisibilité, la détermination des créances qu'elle peut garantir, des objets sur lesquels elle peut porter, des causes qui lui donnent naissance, l'exercice de l'action hypothécaire et les bénéfices que le tiers détenteur peut opposer etc..., on est obligé de constater une analogie très grande entre le droit romain et le droit français ; le préteur romain a fait de l'hypothèque ce qu'elle est encore de nos jours, un droit réel opposable à tous, aux tiers acquéreurs comme aux titulaires des autres droits réels, et spécialement aux autres créanciers hypothécaires d'un rang inférieur. Nous reconnaissons là les deux droits caractéristiques de l'hypothèque, le droit de suite et le droit de préférence ; mais, malgré la rigueur avec laquelle la jurisprudence a développé, au point de vue des principes, l'idée de droit réel qui sert de base à l'institution, le système hypothécaire des Romains se présente, dans la pratique, comme essentiellement défectueux et hérissé de difficultés et de conflits

sans solution rationnelle et équitable (1). Cela tient à la
mauvaise organisation du droit de préférence. Le premier
créancier, comme nous le verrons, a seul la réalité des
avantages de l'hypothèque, sans que, d'ailleurs, aucune
publicité vienne en avertir les créanciers postérieurs, dont
les intérêts sont presque complètement sacrifiés. *Poste-
riores creditores scilicet nullum pignus habere intelligun-
tur, quamdiu prioris creditoris jus subsistit.* De plus,
il paraît s'être produit dans l'esprit des jurisconsultes romains une confusion regrettable entre le droit de préférence et le droit de suite ; la loi romaine semble n'avoir
qu'un but, qui est la mise en possession du créancier hypothécaire ; pour l'obtenir, elle lui accorde deux droits, le
droit de suite et le droit de préférence ; l'action hypothécaire sanctionne le premier, quand le bien hypothéqué est
entre les mains d'un tiers-détenteur quelconque ; elle
sanctionne le second, quand il se trouve en la possession
d'un autre créancier d'un rang inférieur ; et quel sera le
résultat des poursuites ? Dans les deux cas, la mise en
possession du créancier, à moins, bien entendu, que le
défendeur ne préfère s'exécuter et payer ; *aut cede aut
solve.* Nous insistons sur ce caractère important, distinc-
tif du système hypothécaire romain, parce qu'on oublie

---

(1) Avec une exagération évidente mais qui contient une grande part
de vérité, comme nous le constatons dans le texte, le savant professeur
des Universités de Bruxelles et de Leipzig, Ahrens, s'exprime en ces
termes : « Le droit de gage, constitué à l'effet d'assurer l'exécution de
l'obligation d'un créancier, est devenu comme droit d'hypothèque, dans
la forme du droit romain, une grande calamité sociale pour l'agriculture. » (*Cours de droit naturel ou de Philosophie du droit.* tome. II.
p. 161)

trop souvent ce rôle prépondérant de la possession ; il était bon de le faire ressortir. Comme le dit M. Bonjean dans des termes aussi exacts qu'ingénieusement imagés, « le droit de préférence se présente, en droit romain, sous la forme de duels en nombre illimité, dans chacun desquels deux créanciers se disputent la possession, sauf au vainqueur à recommencer contre un nouveau créancier une lutte semblable, et, ainsi de suite, indéfiniment, jusqu'à ce que, après tant de tiraillements, la possession demeure enfin adjugée à celui qui prime les autres » (2).

Telle fut la première conception du droit de préférence chez les Romains ; si le débiteur ne paie pas, le créancier possède, il pèse sur la chose de tout le poids de la dette garantie, *incumbit pignori* (3) ; mais cette situation ne saurait être que provisoire. Ce que veut le créancier, c'est le paiement ; la possession n'est qu'un moyen, défectueux d'ailleurs et surtout incomplet, si le débiteur consent par caprice ou indifférence à rester indéfiniment privé de sa chose. Cet inconvénient disparut par l'introduction d'un nouvel élément dans le droit de préférence, je veux parler du droit de vendre le gage. Le *jus distrahendi,* qui est un avantage de la priorité hypothécaire puisque le premier créancier seul peut en user avec une entière sécurité, ne laisse pas encore apercevoir la séparation des deux attributs du droit d'hypothèque. Nous parcourrons plus tard les étapes successives suivies par les Romains dans l'or-

---

(2) Bonjean, *Traité des Actions,* t. II. p. 194.

(3) Institutes de Justinien d'Ortolan, éd. de 1880. Voir l'appendice X de M. Labbé.

ganisation de la *distractio pignorum* ; le créancier hypothécaire jouit, d'abord en vertu d'une clause expresse, puis
par une suite naturelle du pacte d'hypothèque, de la faculté de vendre et aliéner le gage, faculté qui ne devient
un attribut essentiel de l'hypothèque que dans le dernier
état du droit. Cette dernière réforme, due à Justinien, fait
désormais de l'hypothèque un droit réel conférant, avec le
droit essentiel de vendre, celui non moins essentiel de se
payer par préférence sur le prix. Ce troisième et dernier
droit, conséquence nécessaire du *jus distrahendi*, avec
lequel il a apparu dans le droit romain et dont il a subi
les péripéties, constitue le dernier avantage de la priorité
hypothécaire. C'est dans l'exercice de ce droit, comme
nous aurons l'occasion de le constater, que se révèle en
droit romain la distinction du droit de suite et du droit de
préférence en matière hypothécaire. Nous pouvons donc
maintenant donner une définition complète du droit de
préférence par hypothèque : Il est le droit de réclamer la
possession du *pignus*, de le vendre et l'aliéner, enfin de se
payer sur le prix préférablement à tous autres créanciers.
Cette définition contient une énumération complète des
avantages du droit de préférence que nous qualifions
aussi de droits du premier créancier hypothécaire, parce
que c'est ce dernier seul qui, dans le système hypothécaire romain, pouvait les exercer dans toute leur plénitude et avec toute leur efficacité (4).

En droit français la notion du droit de préférence s'épure

(4) Accarias. *Précis*. tome. I p. 667; Schilling, Traduction Pellat, § 17,
p. 93.

et se simplifie. Il n'y a plus cette sorte de confusion que nous avons signalée à Rome entre le droit de suite et le droit de préférence ; la distinction est clairement établie. L'importance de la possession a complètement disparu dans notre Code. Les créanciers h pothécaires ne jouissent pas non plus du droit de vendre ; la vente du bien hypothéqué ne peut avoir lieu qu'aux enchères publiques et tous les créanciers peuvent la requérir, de sorte que nous ne trouvons plus ici un avantage, un élément de préférence pour le créancier premier en rang. Le droit de préférence n'offre plus d'utilité qu'en présence du prix. En somme, des trois avantages qui composent la préférence hypothécaire à Rome il ne reste plus chez nous que le dernier, précisément celui qui nous permet d'établir, même en droit romain, une séparation certaine des deux attributs de l'hypothèque. Ceci nous explique fort bien que l'on aperçoive facilement sous l'empire de notre loi une distinction profondément obscurcie par la jurisprudence romaine. Une analyse succincte du droit de suite et du droit de préférence, tels qu'ils fonctionnent dans notre système hypothécaire, suffira pour la faire apparaître.

Le droit de suite confère au créancier la faculté de suivre l'immeuble hypothéqué en quelques mains qu'il passe et d'en provoquer la vente contre tout tiers détenteur (art. 2166-69, Code civil) ; celui-ci, sur la sommation à lui faite par le créancier de payer la dette exigible ou de délaisser l'héritage, peut prendre trois partis : le paiement qui met fin à toute poursuite, le délaissement qui entraîne la nomination d'un curateur contre lequel la vente est poursuivie (art. 2174), enfin la purge qui lui permet d'offrir le prix d'achat aux créanciers hypothécaires, à la condition que toutes les hypothèques, payées ou non, soient éteintes ou purgées. Cette offre peut être repoussée par les créanciers, s'ils croient que le prix est inférieur à la valeur réelle de l'immeuble, et ils peuvent en provoquer la vente aux enchères, pourvu que, dans les 40 jours, ils fassent soumission de porter ou faire porter le prix à un dixième en sus de celui qui aura été déclaré par le contrat (art. 2185) : c'est la surenchère. Si l'offre est acceptée, le prix est fixé, et l'immeuble appartient définitivement à l'acquéreur qui a ainsi obtenu la disparition de toutes les hypothèques, payées ou non, dont il était affecté.

En résumé, l'exercice du droit de suite a pour but de transformer le gage des créanciers, de le convertir en argent, soit au moyen de la vente judiciaire, soit par l'acceptation, de la part des créanciers, du prix porté dans le contrat de vente.

Cette transformation opérée, le rôle du droit de suite est terminé ; celui du droit de préférence commence avec la procédure d'ordre dont les détails sont réglés par le Code de procédure civile (art. 740 et suivants, modifiés par la loi du 21 mai 1858 sur la saisie immobilière et les ordres), et dont l'objet est le règlement des droits respectifs des créanciers hypothécaires et privilégiés. Lorsque l'ordre a été arrêté en présence de tous les intéressés, le magistrat délivre les mandats de paiement à ceux qui viennent en rang utile ; le droit de préférence ne s'exerce donc que sur le prix

et dans la procédure d'ordre ; auparavant, tous les créanciers ont des droits égaux, tous ont le droit de suite avec
la même énergie (art. 2166). L'inégalité n'a lieu qu'en
présence des deniers à distribuer, et elle entraîne la préférence des uns au détriment des autres. Seulement, la
préférence n'étant plus subordonnée à la possession et à
la vente par le créancier, il s'ensuit que le dernier en
rang a une garantie aussi efficace que le premier, pourvu
que le prix soit suffisant pour désintéresser tous les créanciers hypothécaires ; que s'il n'est pas désintéressé, il
n'a pas à se plaindre, car il subit les conséquences d'une
situation qu'il a acceptée en connaissance de cause, averti
qu'il était de l'existence des hypothéques antérieures dont
le Code exige la publicité. Le droit de préférence est donc
le droit, pour un créancier hypothécaire, d'être payé préférablement à tous autres sur le prix du bien hypothéqué,
et plus spécialement le droit qui détermine le rang, la place
que doit occuper ce créancier dans la procédure d'ordre.

Ces considérations générales indiquent le lien intime
qui relie le sujet du droit romain à celui du droit français. Sous une rubrique bien différente *a priori* se place
le développement d'une idée commune. L'étude des
avantages du droit de préférence par hypothèque dans le
droit romain nous convaincra que si, dans le *jus possidendi* et le *jus distrahendi*, il y a un mélange, une confusion indéniables du droit de suite et du droit de préférence, il n'en va pas de même dans le droit de se payer
sur le prix, où la séparation des deux attributs de l'hypothèque s'est imposée aux jurisconsultes romains eux-

mêmes. C'est cette séparation dont nous suivrons les divers développements dans l'ancienne jurisprudence, le droit intermédiaire, et la législation actuelle qui la consacre à plusieurs reprises par des textes formels. — Envisagée à ce point de vue, cette étude peut offrir un certain intérêt, et elle ne manque peut-être pas de nouveauté. Sans doute, presque tous les points spéciaux de notre sujet sont traités dans des dissertations intéressantes ; mais, à notre connaissance, il n'existe aucun travail d'ensemble qui, après avoir démontré la loi à la main, la distinction du droit de suite et du droit de préférence, groupe autour de ce principe fécond les conséquences nombreuses et variées, qui sont disséminées dans le Code ou les lois postérieures. Il est impossible de se dissimuler la difficulté de notre entreprise, mais nous espérons que cette difficulté même sera la meilleure excuse des défaillances nombreuses qui pourront s'y rencontrer.

DROIT ROMAIN

DES AVANTAGES DU DROIT DE PRÉFÉRENCE

PAR HYPOTHÈQUE

OU DES

DROITS DU PREMIER CRÉANCIER HYPOTHÉCAIRE

INTRODUCTION

Avant d'aborder l'étude des droits du premier créancier hypothécaire, il n'est pas inutile de rappeler succinctement quels sont les principes qui servent à déterminer la priorité du rang, c'est-à-dire quelles sont les causes de la préférence en matière d'hypothèque.

Le droit de priorité repose en général sur ce fondement très simple et très juste que le droit hypothécaire le plus ancien, eu égard au temps où il a pris naissance, est, précisément à cause de cette ancienneté, préférable à tous les autres droits hypothécaires qui ont frappé plus tard la même chose ; la première hypothèque *fait prime* sur les autres (1) ; les Romains ont exprimé cette idée par cette phrase souvent répétée : *prior tempore, potior jure*, qui n'est que le résumé du principe posé par Hermogénien dans la loi (98 Dig. L. 17) : « *Quotiens utriusque causa lucri ratio vertitur, is præferendus est, cujus in lucrum*

---

(1) La plus ancienne hypothèque est préférée à la plus récente, et c'est en cela que consiste le *privilegium temporis* (Schilling, *loc. cit.*, § 17, p. 95.)

causa tempore præcedit. » La date , *tempus*, est donc la première cause du droit de préférence. — Une seconde cause, d'une application assez fréquente à Rome, était la faveur, le privilége, que les Romains appellent *causa*. Elle puisait toute sa force dans la loi, qui, arbitrairement et pour des motifs plus ou moins équitables, entourait de sa protection certaines créances d'une nature spéciale. Employée d'abord pour donner une force particulière à des créances chirographaires favorables, telles que les créances du pupille contre le tuteur pour la reddition des comptes et de la femme mariée pour la restitution de la dot, elle fut la source des *privilegia inter personales actiones ;* mais elle ne tarda pas à être utilisée en matière hypothécaire où elle servit de fondement aux hypothèques privilégiées, qui, mises en dehors du droit commun, l'emportèrent sur les hypothèques ordinaires même plus anciennes qu'elles. Le privilége constitue donc une dérogation à la première cause de préférence, la date, qui forme le droit commun.

En dehors de la date et du privilége faut-il reconnaître d'autres causes de préférence telles que le caractère public de l'hypothèque (préférence du *pignus publicum*) et la concession d'une hypothèque par un précédent propriétaire *(separatio ex jure hypothecario) ?* La négative nous paraît certaine, comme nous allons le démontrer.

I. — *Caractère public de l'hypothèque :* Certains auteurs (2) prétendent que le *pignus publicum* devait l'empor-

---

(2) Nous citerons notamment Schilling qui expose son opinion comme il suit : « D'après une ordonnance de l'empereur Léon, un droit de gage qui est appuyé d'un *instrumentum publicè confectum*, c'est-à-dire d'un acte dressé sous l'autorité d'un magistrat ou d'un notaire public *(tabularius)* (ce qu'on appelle *pignus publicum)*, ou d'un *instrumentum quasi publicè confectum*, c'est-à-dire d'un acte souscrit au moins par trois hom-

ter sur toute autre hypothèque, constatée par témoins ou par acte privé. La rédaction de l'acte d'hypothèque par un officier public a, dans cette opinion, une influence très considérable, puisqu'elle constitue une véritable cause de préférence à l'encontre de tout *pignus voluntarium* ou *necessarium*. Cette doctrine voit cette innovation dans une constilion de l'empereur Léon, rendue en l'an 469 de notre ère. « *Eum qui, instrumentis publicè factis, nititur, præponi decernimus, etiamsi posterior is contineatur, nisi fortè probatæ atque integræ opinionis trium vel amplius virorum subscriptiones iisdem idiochiris contineantur; tunc enim quasi publicè confecta accipiuntur.* » (L. 11 Cod. VIII. 18.) Il résulte de ces termes, dit-on, que toute hypothèque, constatée par un acte public ou quasi-public, est préférée, quelle que soit la date de sa constitution. — Cette interprétation n'est pas exacte; l'empereur Léon n'a pas voulu créer une nouvelle cause de préférence dans la solennité de l'hypothèque; il a simplement modifié les règles relatives à la preuve. Auparavant, les créanciers pouvaient prouver la date de leur hypothèque soit par témoins (la preuve testimoniale était la plus fréquente et la plus estimée, soit en produisant un écrit public ou privé; mais l'acte public le plus solennellement rédigé n'avait pas, en droit, plus de portée qu'un simple acte rédigé en secret et dans l'intimité. Ce système était très dangereux pour les créanciers hypothécaires, qui n'étaient jamais sûrs que le débiteur ne consentît d'autres hypothèques moins anciennes, mais qui leur seraient préférées à l'aide d'une antidate. L'empereur Léon crut remédier à

mes d'une bonne réputation *(pignus quasi publicum)*, sans égard à la date de cet acte, l'emporte sur un droit de gage qui n'a point été établi par un titre de ce genre (ce qu'on appelle *pignus privatum)*. — Schilling, *loc. cit.*, § 17, p. 25 et 95.)

ce danger en supprimant la force probante, quant à la date, des actes écrits qui ne seraient ni publics ni quasi-publics ; mais il n'entendit pas affaiblir la preuve testimoniale qui reste toujours la preuve par excellence en matière hypothécaire. En conséquence, comme le fait observer très-judicieusement M. Jourdan, « si deux constitutions d'hypothèques sont établies, l'une par un acte public ou quasi-public, l'autre par témoins, les dates ainsi établies détermineront le rang, sans que le *pignus publicum* ait aucune prérogative. De même, si une hypothèque privilégiée est en concours avec une hypothèque simple, la constitution de Léon est sans application, car il ne s'agit pas d'une antériorité de date (3). »

II. — *Separatio ex jure hypothecario :* — Titius consent une hypothèque à Primus, puis il vend sa chose à Mœvius ; du chef de cet acquéreur naît au profit de Secundus une hypothèque privilégiée. La première cause de préférence, l'ancienneté, doit être écartée, mais faut-il s'en tenir à la seconde et accorder la priorité au créancier privilégié ? ou bien, doit-on faire intervenir ici une nouvelle cause de préférence au profit des créanciers de Titius, établir en leur faveur une *separatio ex jure hypothecario* (4) ?

---

(3) Jourdan, *Traité de l'hypothèque,* p. 623.

(4) Schilling, *loc. cit.,* § 17, dans une addition à la note 18, renvoie pour la discussion de cette délicate et intéressante question à la dissertation de Wœchter. La substance de cette dissertation, publiée dans Arch. f. d. civil. Prax, t. XIV, n° 15, est reproduite dans une note très complète de M. Jourdan. Ce dernier auteur nous fait assister à la grande lutte qui s'est engagée en 1814 entre Thibaut, Glück, Mühlenbruch d'un coté, et de l'autre, Wœchter ; puis il se prononce pour l'opinion de Thibaut, défavorable à l'idée d'une *separatio ex jure hypothecario* et qui est la seconde émise au texte. (Jourdan, *Hypothèque,* p. 630, note 18).

1re Opinion : Primus doit l'emporter sur Secundus parce qu'il tient ses droits de Titius, propriétaire antérieur, qui n'a pu transmettre plus qu'il n'avait à Mœvius, et spécialement lui conférer le pouvoir de donner des hypothèques préférables à celles de ses propres créanciers. De même que les créanciers d'un défunt ont un droit acquis sur sa succession et peuvent le faire respecter en invoquant la séparation des patrimoines, de même les créanciers de Titius, pour lesquels l'hypothèque est un droit acquis, peuvent invoquer contre les créanciers hypothécaires, quels qu'ils soient, du successeur particulier Mœvius une *separatio ex jure hypothecario*, qui constituera pour eux une cause légitime de préférence.

2e Opinion : Toutes les considérations de la doctrine opposée tombent devant cette idée que le privilége est créé arbitrairement par la loi qui, se fondant sur des raisons d'équité plus ou moins puissantes, *peut* accorder aux hypothèques privilégiées la supériorité sur les autres hypothèques, quelle que soit la personne du concédant. La véritable question est donc celle-ci : La loi romaine a-t-elle voulu en fait accorder à l'hypothèque, qui grève la chose du chef d'un précédent propriétaire, un rang préférable à toute hypothèque même privilégiée concédée par l'acquéreur subséquent ? Les jurisconsultes romains n'ont pas répondu à cette question, et il semble évident que ce silence n'autorise pas de dérogation au principe incontesté : « *Privilegia non ex tempore sed ex causâ æstimantur.* »

Il n'y a donc, en droit romain, que deux causes du droit de préférence, la date et le privilége, *tempus et causa* ; d'où il suit que le premier créancier hypothécaire sera nécessairement soit le créancier hypothécaire privilégié le plus favorable aux yeux de la loi, soit le créancier hypothécaire le plus ancien en date. C'est ce premier créancier

qui est appelé à jouir avec une réelle efficacité des trois
avantages du droit de préférence dans l'étude desquels
nous allons entrer (5). Nous traiterons dans un premier
chapitre du développement historique de ces avantages ;
nous consacrerons ensuite à chacun d'eux un chapitre différent, enfin dans un cinquième et dernier chapitre nous
nous demanderons dans quelle mesure les créanciers postérieurs jouissent des avantages de la priorité hypothécaire
et par quels moyens ils peuvent en obtenir l'exercice dans
toute sa plénitude (6).

(5) « Le premier créancier, dit Schilling (§ 17, p. 93), a, en général, le
plein exercice des droits que confère le gage, même contre le créancier
gagiste postérieur. — En conséquence, il peut lui demander la chose
hypothéquée, l'aliéner sans son consentement, et même anéantir par cette
aliénation le droit de gage de ce créancier postérieur ». Le *jus possidendi*
et le *jus distrahendi* sont donc avant tout des prérogatives du premier
créancier, des avantages de la priorité ou de la préférence hypothécaire.

(6) Il est bien entendu que nous employons les expressions *premier
créancier hypothécaire* dans le sens des expressions latines *prior, potior*.
Le comparatif latin indique à merveille la portée exacte qu'il faut y atta-
cher ; il montre bien que le premier créancier n'est pas invariablement le
même, et que tout créancier hypothécaire est *prior, potior*, premier
créancier par rapport aux autres créanciers moins favorables que lui.
La langue française, moins riche que la langue latine, ne nous fournit
pas de locution qui traduise rigoureusement l'idée énoncée. Au lieu de
premier créancier, peut-être vaudrait-il mieux dire *créancier préféré* ;
mais c'est là une pure affaire de mots, et il suffit de s'entendre sur la
signification précise que nous donnons au titre de notre sujet.

CHAPITRE PREMIER

DÉVELOPPEMENT HISTORIQUE

Notre but est de montrer comment le droit de préférence par hypothèque a pris naissance dans le droit romain, comment ensuite il s'y est développé et transformé d'un simple droit de posséder en un droit pour le créancier de vendre la chose engagée et de se payer sur le prix ; nous avons constaté dans la *préface* que telle avait été la marche du droit ; il faut maintenant expliquer les divers changements et progrès de la jurisprudence romaine.

§ 1er. — Origine du droit de préférence.

Un peuple d'une civilisation encore peu avancée comprend difficilement *a priori* comment une convention d'hypothèque seule, non suivie de la tradition de la chose, peut assurer à un créancier le droit d'être payé sur cette chose par préférence à tous autres ; aussi partout l'hypothèque a-t-elle commencé à se produire sous une forme plus simple, plus naturelle, partant plus facile à saisir par des intelligences peu faites aux complications juridiques.

En Grèce, le gage immobilier s'est d'abord manifesté sous la forme du pacte de rachat, avec cette clause que, faute d'être rachetée dans un certain délai, la chose serait définitivement acquise au créancier (1) ; cette forme pre-

---

(1) Des renseignements très complets nous sont donnés sur ce point dans un article très intéressant de M. le conseiller Dareste, publié dans

mière de la garantie réelle était la combinaison ingénieuse des principes rudimentaires de l'aliénation et de
l'obligation ; elle n'exigeait pas de grands frais d'imagina-
tion ; mais, si elle avait l'avantage de la simplicité, elle
offrait des inconvénients considérables au point de vue
du crédit. Si elle donnait une garantie absolue au créancier, elle avait le tort immense de négliger totalement les
intérêts du débiteur ; celui-ci, par l'aliénation, était immédiatement privé de la propriété de sa chose et se trouvait ainsi à la discrétion du créancier, qui, s'il était de
mauvaise foi, pouvait disposer du gage, l'aliéner avant
l'échéance et lui enlever ainsi toute possibilité de le recouvrer en payant à l'époque fixée par la convention.
L'action personnelle, destinée à sanctionner l'obligation
de restituer, ne pouvait aboutir qu'à une réparation pécu-
niaire de la part du créancier, réparation bien insuffisante
si le débiteur tenait véritablement à recouvrer sa chose ; —
de plus, le droit de propriété étant l'apanage exclusif d'un
seul, il n'était possible d'engager le même bien qu'une
seule fois, quelle que fût d'ailleurs sa valeur comparée à
celle de la dette garantie.

Les mêmes principes ont été employés dans les origi-
nes du droit romain ; la combinaison de l'obligation et de
l'aliénation est venue tout naturellement à l'esprit des
Romains comme à celui des Grecs. L'impignoration con-
sista, dès le début, dans une mancipation opérée à titre
de gage au profit du créancier, qui se comportait en
acquéreur, et s'engageait sur parole à ne pas aliéner la
chose avant l'échéance pour la restituer au débiteur après
sa libération (2). C'est le pacte de fiducie ou loi de remanci-

la nouvelle Revue de droit français et étranger (année 1877, p. 162), sous
cette rubrique : *Une loi Éphésienne du premier siècle avant notre ère.*

(2) Gaïus, Inst. C., II, § 59 et 60. — Voir aussi Schilling, *Traité du
droit de gage*, § 6, p. 29.

pation, qui, avec la même simplicité que le pacte de rachat des Grecs, offrait aussi les mêmes dangers et les
mêmes imperfections. *a*) Le créancier est admirable-
ment garanti ; mais le débiteur est sans protection aucune
contre la déloyauté du créancier, qui peut violer la parole
donnée et disposer avant l'échéance du bien engagé. *b*)
L'aliénation s'oppose, à Rome comme en Grèce, à l'engagement multiple de la même chose pour la garantie de
plusieurs créances. La dette garantie peut n'être que de
cinq, la valeur de la chose de cinquante ; n'importe, le
débiteur engagiste a perdu la propriété et avec elle tous
ses droits sur la *fiducie ;* ils ont passé au créancier
nanti, qui en jouit sans partage, provisoirement jusqu'à l'é-
chéance ; bien définitivement à cette époque, si le paiement n'a pas eu lieu en temps utile.

Les Grecs ont senti à la fois toute la gravité des deux
inconvénients signalés, et ils ont essayé d'y remédier du
même coup par la création de l'hypothèque. *a*) Désormais
le créancier ne peut plus demander le transfert immédiat
de la propriété ; il n'a même pas droit à la remise immédiate de la possession. Il doit attendre l'échéance, et,
s'il n'est pas payé, il peut se faire mettre en possession
du bien hypothéqué et le conserver à titre de propriétaire
définitif. *b*) Le créancier n'ayant plus qu'un droit éventuel sur la chose, rien ne s'oppose à ce que le débiteur,
resté propriétaire et possesseur, concède sur cette même
chose d'autres droits réels de même nature, mais moins
efficaces que le premier, auquel ils ne sauraient porter
atteinte ; il en résulte une notable augmentation du crédit
réel qui, tout en étant très favorable au débiteur, ne cause
aucun préjudice sérieux aux créanciers ; toutefois, cette
situation amène inévitablement entre eux des conflits
auxquels il faut donner une solution ; de là une lutte et

une préférence à établir. Le droit de préférence par hypothèque s'impose désormais aux méditations du législateur
grec; nous verrons comment il a pourvu à son organisation.

Les Romains n'ont d'abord été frappés que du premier
inconvénient ; l'aliénation de la chose par le débiteur met-
tait ce dernier à la discrétion du créancier ; pour améliorer
sa condition, ils ont imaginé le *pignus* ou contrat de gage (3),
qui se forme par la simple remise de la possession ; le débiteur n'est plus dépouillé de la propriété et le créancier,
n'étant plus propriétaire, ne peut plus aliéner le bien engagé ; il est obligé de le conserver pour le restituer après
le paiement au débiteur qui le réclamera par l'action
pigneratitia directe.

Avec le *pignus* le second inconvénient subsiste, puisque
le créancier reçoit la possession du gage, et que la possession ne peut être remise à la fois à plusieurs ; le
débiteur ne peut donc encore engager la même chose
qu'une seule fois. Les Romains, peu versés dans les notions économiques, ne se doutèrent pas de la possibilité
d'augmenter le crédit des débiteurs en leur permettant
d'utiliser le même bien pour garantir plusieurs créances ;
sinon, ils eussent été amenés à la création immédiate de
l'hypothèque et à l'organisation de la préférence entre les
créanciers hypothécaires. Ce furent des faits spéciaux d'une
importance très considérable, qui s'imposèrent au préteur
et le conduisirent à l'admission de l'hypothèque. — L'agriculture tenait une grande place dans la société romaine ;
les terres étaient réunies entre les mains de grands propriétaires fonciers, qui étaient dans l'usage d'affermer ;

---

(3) Le contrat de fiducie était cependant employé même à l'époque classique (Gaius, Inst. C. II, § 60, et Paul Sent., II, § 1 à 7). Il n'est plus
mentionné dans les recueils de Justinien.

les fermages étaient une créance éminemment favorable, et il fallait les entourer de sérieuses garanties. Comment faire ? Ce qui pouvait le mieux en assurer le paiement, c'était, sans contredit, les objets apportés par le fermier sur la ferme, mais ces objets étaient, en général, des outils, des instruments aratoires, et autres instruments de travail nécessaires au fermier pour l'exploitation ; les soumettre au régime du *pignus* et obliger le fermier à en remettre la possession au propriétaire, voilà qui eût été impraticable et funeste à l'agriculture que l'on voulait au contraire favoriser. Il y avait bien le *pignus* modifié par le précaire ou le louage, mais ces combinaisons laissaient au créancier gagiste l'usage des interdits, et dans l'espèce il était très utile que les fermiers pussent à l'occasion user de ces voies de recours. D'ailleurs c'était compliqué et, en droit, la simplicité est toujours désirable. Une innovation était nécessaire ; c'est le préteur Servius qui la réalisa par l'introduction de l'action servienne. Le fermier gardera les outils et autres objets apportés par lui dans la ferme : il ne les engagera que par convention vis-à-vis du propriétaire ; seulement, en cas de non-paiement à l'échéance, ce dernier aura l'action servienne qui lui permettra d'entrer en possession effective des objets engagés. L'hypothèque n'était pas encore créée (4). On avait voulu favoriser le développement de l'agriculture ; le mode principal d'exploita-

(4) L'action servienne est une sorte de transaction faite en faveur de l'agriculture avec le principe que le créancier gagiste doit avoir la possession effective des biens engagés soit par lui-même soit par un intermédiaire ; mais est-il rigoureusement exact de dire que le créancier, propriétaire de la ferme, n'a aucune possession ? Sans doute, le propriétaire n'a pas sous sa main les objets apportés dans la ferme, *invecta vel illata*, mais le fonds semble posséder pour son maître. Cela est si vrai que le droit du bailleur ne naît qu'au moment où les objets entrent dans la ferme. La théorie de l'hypothèque, simple droit réel indépendant de toute possession, n'est pas encore complètement dégagée.

tion étant le bail à ferme, il fallait donc assurer l'exécution
de l'obligation des fermiers. Ce but atteint, le préteur
n'allait pas plus loin. Les idées économiques sur le crédit
réel n'avaient pas eu leur part légitime dans cette utile réforme; mais elles finirent par s'imposer aux jurisconsultes
romains, qui en arrivèrent, poussés par une logique invin-
cible, à la généralisation objective et subjective du principe de l'action servienne (5). — Toute personne peut affecter par simple convention une chose quelconque à la
garantie de toute espèce de créance, tel est l'objet et le
résultat du pacte d'hypothèque, sanctionné par l'action
quasi-servienne; ce pacte produit un droit réel sur la chose,
droit éventuel à la possession de la chose engagée qui
ne pourra être réclamée par le créancier que s'il reste impayé à l'échéance. La possession immédiate n'étant plus
une condition de la garantie réelle, un même objet peut-
être plusieurs fois hypothéqué au profit de créanciers différents. Le règlement des conflits, que devait nécessairement
soulever le concours de ces créanciers, est précisément
l'objet du droit de préférence. Voilà comment ce droit fit son
apparition dans le droit romain (6); son origine aperçue,

(5) L'obscurité la plus grande règne sur l'époque où l'hypothèque a été
introduite à Rome. M. Demangeat ne se prononce pas : « Il est à remarquer, dit-il dans son *Traité de droit romain*, t. II., p. 523, que Cicéron
parle de l'hypothèque. Nous sommes en Asie-Mineure, et, sans doute,
au temps de Cicéron, l'hypothèque n'était pas encore connue à Rome. »
— Schilling, *loc. cit.*, p 33, ne semble guère plus fixé; après avoir dit,
au texte, que le *pactum hypothecæ* a été introduit dès le temps de la
République, il ajoute dans une note qu'elle est mentionnée par Cicéron
Ad famil., XIII, 56, pour une province grecque. — Enfin, M. Accarias est
un peu plus affirmatif: « Quant à l'époque précise de son introduction
en Italie, nous l'ignorons; mais il est certain qu'elle fixe déjà l'attention
des jurisconsultes du second siècle, et ils ne paraissent pas s'en occuper
comme d'une institution *purement provinciale.* » (*Précis*, t. I, § 284.)

(6) Il serait peut-être plus exact de dire : voilà comment la préférence
résultant du *pignus*, améliorée dans l'intérêt du crédit, est devenue le

nous arrivons au développement successif des avantages qui le composent.

§ 2. — Progrès successifs des avantages du droit de préférence.

Le droit de préférence est toujours resté à l'état rudimentaire en Grèce; il n'y a jamais fait aucun progrès. Il consistait dans le droit pour le premier créancier de s'emparer de l'immeuble hypothéqué et d'en acquérir la propriété définitive, au cas de non-paiement à l'é-

droit de préférence par hypothèque. En effet, au moment où le créancier hypothécaire se fait remettre la possession du gage, se forme le contrat de *pignus*, il suit de là que l'hypothèque confère un droit éventuel à la formation du contrat de gage, et, qu'après cette formation, le créancier gagiste et le créancier hypothécaire ont des droits de même nature. Le droit de préférence du créancier hypothécaire, qui est un de ces droits, n'est donc qu'une amélioration apportée dans l'intérêt du crédit au droit correspondant du créancier gagiste. Tandis que ce dernier ne l'emportait que sur les créanciers chirographaires, le premier créancier hypothécaire, devenu créancier gagiste après la mise en possession, peut exercer son droit de préférence : 1° à l'égard des créanciers hypothécaires inférieurs, 2° à l'égard des créanciers chirographaires ; mais la nature de cette préférence est la même. Cette observation, conforme à cette loi romaine : *inter pignus et hypothecam tantum nominis sonus differt*, a une très grande importance ; car si le droit de préférence par hypothèque n'est autre chose que le droit de préférence du créancier gagiste amélioré, il en résulte que l'existence de ce droit n'est pas liée à celle du droit de suite ; en effet, pendant longtemps, le contrat de *pignus* n'a produit qu'un droit de préférence sans droit de suite ; ce dernier n'est venu lui donner son précieux concours qu'à une époque déjà avancée du droit romain, lors de l'introduction de l'action hypothécaire. Qui ne voit que c'est là un bien puissant argument pour établir que le droit romain a consacré lui-même la distinction très importante du droit de préférence et du droit de suite ? « Le droit de préférence, dit très exactement Bénech, est historiquement antérieur au droit de suite ou à l'action hypothécaire (*quasi-serviana*), conséquence du droit réel qui a pour objet la possession du gage. » (Bénech, *Droit de préférence en matière de purge des hypothèques légales*, p. 24.)

chéance ; c'était là un pouvoir bien exorbitant, puisque ce créancier pouvait garder le fonds pour lui seul, sans s'inquiéter de sa valeur et sans avoir aucun compte à rendre au débiteur ni aux créanciers postérieurs pour l'excédent de cette valeur sur le montant de sa créance.

Ce fâcheux résultat pouvait être prévenu de deux manières : 1° Le débiteur n'avait qu'à faire lui-même la vente et à en déléguer le prix aux créanciers hypothécaires suivant leur rang ; 2° Les créanciers postérieurs pouvaient désintéresser le premier et se faire subroger dans ses droits. Mais si le débiteur ne pouvait trouver d'acquéreurs, si, d'un autre côté, les créanciers inférieurs ne pouvaient se procurer les capitaux nécessaires pour payer le premier créancier, celui-ci avait un droit absolu, exclusif sur le fonds hypothéqué, dont la propriété lui était légalement dévolue.

Cette situation devint surtout intolérable après la guerre terrible qu'Éphèse eut à soutenir contre Mithridate ; les débiteurs ne pouvaient dégager leurs immeubles, faute d'acheteurs, ni les créanciers postérieurs obtenir la subrogation, faute de capitaux ; une loi était nécessaire ; elle fut faite. Cette loi, connue dans le monde savant sous le nom de Loi éphésienne (7), essaya d'améliorer le sort de ces deux classes de personnes. Pour soulager les débiteurs, la loi ordonne que la liquidation des dettes hypothécaires se fasse à l'aide d'un partage du fonds hypothéqué entre le débiteur et le créancier, dans la proportion de leurs droits respectifs, évalués en argent, et sur des bases fixées par elle. Pour rendre plus sérieuse la garantie des créanciers qui ont accepté pour gage l'*hyperocha*, la loi transporte leur droit sur la part du fonds attribuée au

(7) Voir l'article précité de M. Dareste (*Nouv. Rev. de dr. fr. et étr.*, § III, p. 170 et s.)

débiteur par le partage en nature, et leur permet de se faire payer sur cette portion d'immeuble. Les plus anciens passeront les premiers.

Le principe grec était donc l'attribution exclusive de la propriété au premier créancier ; exceptionnellement, et pour atténuer les conséquences d'une guerre désastreuse, la question de la préférence hypothécaire fut résolue par le système fort curieux mais assurément peu juridique du partage en nature. Jamais les Grecs n'ont songé à faire du droit de préférence ce qu'il doit être, c'est-à-dire le droit pour un créancier d'être payé avant tous les autres sur le prix de l'immeuble mis en distribution.

Cette transformation n'a été réalisée que par les législations modernes, mais elle a été préparée par les jurisconsultes romains (8); c'est à eux que revient l'honneur d'avoir amélioré le droit hypothécaire par les réformes successives dont nous pouvons suivre et apprécier le développement jusqu'à la codification de Justinien, qui vient clore les progrès de la législation et donner sa forme définitive au droit de préférence résultant de l'hypothèque romaine.

Au début, le créancier hypothécaire n'avait pour unique garantie que la possession (9); l'explication est facile. Les jurisconsultes romains, gens éminemment pratiques, ne construisaient pas des théories de toutes pièces ; ils

(8) « Les Romains, dit notre savant professeur M. Labbé, ont laissé beaucoup à faire dans la constitution des sûretés réelles, dans l'organisation du crédit. Mais ils ont ouvert la voie ; ils ont eu le grand mérite de diriger le droit, non plus vers l'attribution de la propriété au créancier, non pas exclusivement vers l'attribution de la possession, mais et surtout vers la préférence à exercer sur le prix. Là est le trait de lumière qui a jailli du sein de la jurisprudence romaine. » (*Inst. de Justinien*, d'Ortolan Éd. Labbé, 1880. Appendice X.)

(9) Schilling, *loc. cit.*, § 6, p. 32 et 33.

préféraient corriger les vices de la législation au fur et à
mesure qu'ils se présentaient, soit en modifiant l'institution qui les engendrait, soit en créant à côté d'elle une
nouvelle institution de nature à donner satisfaction aux
nouveaux besoins et au progrès. Or quel était l'inconvé
nient que devait supprimer l'hypothèque ? La fiducie,
sans disparaître totalement du droit romain, avait dû
s'effacer devant le *pignus* ou contrat de gage, qui valait
beaucoup mieux, mais avait encore le tort de dépouiller
immédiatement le débiteur de la possession de sa chose.
Cette dépossession immédiate, il fallait l'éviter. Après
l'essai de plusieurs procédés, tels que la combinaison du
pignus avec le précaire ou le contrat de louage, le préteur
romain imagina le principe de l'hypothèque, qui ne donnait au créancier qu'un droit éventuel sur la chose, indépendamment de toute possession immédiate. L'action
quasi-servienne ou hypothécaire permettait au créancier
de réaliser ce droit éventuel en se faisant mettre en possession au cas de non-paiement à l'échéance. L'inconvénient signalé avait disparu ; on ne désirait pas autre chose
pour le moment ; le débiteur conservait la possession du
gage jusqu'à l'échéance ; le but était atteint ; tout le
était pour le mieux, au point de vue du débiteur ; mais
le créancier, quelle garantie avait-il ? L'hypothèque conservait sur ce point les règles du *pignus*, dont l'insuffisance n'avait pas encore été bien aperçue. Le *pignus*
donnait comme garantie unique la possession ; l'hypothèque n'en donna pas d'autre ; mais ce n'était là qu'un moyen
indirect d'arriver au paiement : sans doute, le créancier
pouvait retenir le gage jusqu'à parfait désintéressement ;
il pouvait le recouvrer à l'aide des interdits ou de l'action hypothécaire ; mais à quoi bon tout cela, si le débiteur, de mauvaise foi ou par nonchalance, préférait rester

débiteur et ne pas réclamer son bien? Le créancier hypothécaire était alors dans une bien fausse situation ; son droit de rétention ne lui permettait pas de vendre ; s'il avait aliéné, il aurait commis un « *furtum* » ; de plus il devait conserver la chose et apporter à sa conservation les soins d'un bon père de famille, « *exactam diligentiam* » (Inst. Just. III. 14, § 4). Les inconvénients de cette situation sans issue frappèrent les jurisconsultes qui, pour y remédier, proposèrent deux solutions.

1° La *lex commissoria* : — Accessoirement au pacte d'hypothèque, les parties pouvaient convenir que, dans le cas de non-paiement à l'échéance, le créancier deviendrait, *ipso facto*, propriétaire de la chose, moyennant l'extinction de la dette ; il y avait là une vente conditionnelle pour un prix égal au montant de la dette principale et des accessoires. Cette clause indiquait un mouvement rétrograde dans l'organisation de la préférence hypothécaire; elle n'était qu'un retour aux principes de l'hypothèque grecque, dont elle offrait tous les dangers, puisque le créancier hypothécaire, impayé, s'appropriait à l'échéance le bien hypothéqué, quelle qu'en fût la valeur comparée à celle de la créance garantie, et cela au mépris des intérêts les plus légitimes du débiteur et des créanciers postérieurs. Les abus en furent si nombreux que son abrogation devint nécessaire ; elle fut prononcée par Constantin en l'an 326 de notre ère : « *Quoniam inter alias captiones præcipuè commissoriæ pignorum legis crescit asperitas, placet infirmari eam, et in posterum omnem ejus memoriam aboleri.* » L'empereur ne s'en tint pas là ; les abus avaient été si scandaleux, qu'il donna un effet rétroactif à la loi, « *quæ cum præteritis præsentia quoque repellet.* » (L. 3, Cod. VIII, 35.)

L'abrogation ne s'étendait pas à une seconde clause, indiquée par Marcien au Digeste (L. 16, § 9, XX, 1), et qui n'est qu'une variété de la « *lex commissoria* ». « *Potest ita fieri datio hypothecæ ut, si intra certum tempus non sit soluta pecunia, jure emptionis possideat rem, justo pretio tunc æstimandam* ». On peut constituer une hypothèque en stipulant que, si la dette n'est pas payée à l'échéance, le créancier possédera la chose en vertu d'un achat, pour le juste prix qui sera alors fixé. Ce prix sera imputé, jusqu'à due concurrence, sur la dette garantie, et, s'il lui est supérieur, l'excédent ou *hyperocha* devra être restitué par le créancier au débiteur ou aux autres créanciers hypothécaires. C'est très juste, mais bien compliqué ; aussi les Romains n'en ont pas fait un usage fréquent.

2° Le *jus distrahendi* est la deuxième solution proposée ; il constitue un bien grand progrès dans la matière du droit de préférence, et, à ce titre, il mérite une attention particulière. Le droit de vendre n'a pas été admis, d'emblée, comme une conséquence essentielle de l'hypothèque ; cette idée n'a été adoptée que sous Justinien. Avant d'en arriver là, plusieurs étapes ont été parcourues.

Première étape : — Il faut une convention formelle, jointe au pacte d'hypothèque (10), qui confère au créancier impayé le droit de vendre la chose à l'échéance pour se payer sur le prix de vente. Tel était le droit à l'époque de Trajan, c'est-à-dire au commencement du IIᵐᵉ siècle de notre ère (11) ; Javolénus, contemporain de ce prince, nous dit : « *Si is,*

(10) On décida plus tard que cette convention pouvait être faite après la constitution d'hypothèque : *Si convenit de distrahendo pignore, sive ab initio, sive postea...* L. 4, XIII, 7.

(11) Bachofen, *Pfandrecht*, p. 139, a voulu établir une distinction précise entre la période où le créancier gagiste était réduit à la simple possession et celle où il put obtenir la permission de vendre. Il a évidemment, fait observer M. Jourdan, trop prolongé la durée de la première en ne plaçant l'usage général du pacte de vente qu'à l'époque d'Ulpien. (Jourdan, *Hypothèque*, p. 81, note 8.)

qui pignori rem accepit, quum de vendendo pignore nihil convenisset, vendidit, furti se obligat. » (L. 73, Dig. XLVII. 2). Tel était encore le droit un demi-siècle plus tard ; il est constaté par Gaius (C. 2 § 64). « *Creditor pignus ex pactione alienare potest.* »

Deuxième étape :— Au début du IIIe siècle nous trouvons des textes nombreux qui mentionnent la clause « *ut vendere liceat* » (Dig. L. 3. XX. 3 et L. 3. XX. 5) ; un rescrit de l'empereur Alexandre la traite de « *pactum vulgare* » (L. 4, Cod. IV. 24), et elle finit par être sous-entendue dans les pactes d'hypothèque par une interprétation probable de la volonté des parties. Ulpien constate ce résultat en termes formels : « *Si non convenerit de distrahendo pignore, hoc tamen jure utimur, ut liceat distrahere* (12) » ; mais il ajoute : « *Si modo non convenit ne liceat* », pourvu que le droit de vendre n'ait pas été expressément interdit (L. 4, Dig. XIII, 7). Donc, dans cette deuxième période, le silence des parties s'interprète en faveur du créancier, qui a tout de même le *jus distrahendi* ; mais elles peuvent encore, par une convention expresse, ramener le droit de préférence à sa première simplicité, et ne lui attribuer pour effet que le droit à la possession.

Troisième étape : — Cette faculté disparaît sous Justinien, qui fait du droit de vendre un élément essentiel de l'hypothèque. La convention de ne pas vendre n'a plus qu'un effet ; elle oblige le créancier à faire une triple dénonciation au débiteur avant de procéder à la vente. C'est ce qui résulte, à notre avis, de la loi 4 *de pigner. act.* XIII, 7 précitée, empruntée par les compilateurs de Justinien à

---

(12) Le jurisconsulte Paul donne la même solution, seulement il exige que dans ce cas le créancier fasse une triple dénonciation au débiteur. (Sent., II, 5, § 1) : *Creditor si simpliciter sibi pignus depositum distrahere velit, ter ante denuntiare debitori suo debet.*

un fragment d'Ulpien, qu'ils ont modifié ou plutôt aug-
menté pour l'insérer dans le Digeste. L'interpolation, assez
facile à reconnaître, consiste dans l'addition des mots suivants : *nisi ei ter fuerit denunciatum ut solvat et cessaverit*,
qui modifient complètement le sens de la dernière phrase
du texte. Dans le fragment, qui est devenu la loi 4, Ulpien
constatait la doctrine du droit classique selon laquelle la
vente du gage, possible dans le silence des parties, ne
l'était plus en présence d'un pacte prohibitif formel ;
comme conséquence il en déduisait que le créancier qui
vendait nonobstant ce pacte était tenu de l'*actio furti*.
Les commissaires de Justinien ont transformé cette théorie en subordonnant l'exercice de l'*actio furti* et la nullité
de la vente à l'absence d'une triple dénonciation. Quelques auteurs, refusant de croire à une *altération* du texte,
lui donnent un sens différent ; selon eux, Ulpien aurait
voulu dire que l'*actio furti* n'était plus possible si trois
dénonciations avaient eu lieu (13) ; la loi 4, telle qu'elle est
conçue au Digeste, *respectant la volonté des parties*, n'at-
tacherait pas à la triple dénonciation une conséquence
aussi importante que celle de la validité de la vente, *faite
malgré une convention formelle des parties*. Cette objection est très grave ; notre savant maître, M. Labbé, la
prévoit et y répond en termes excellents ; nous ne sau-
rions mieux faire que de les reproduire : « Pourquoi ne
pas obéir à la volonté des parties qui ont expressément
réduit la garantie du créancier à la possession ? Probablement le motif est qu'il vaut mieux pour tout le monde,

---

(13) Jourdan, *Hypothèque*, p. 80, note 6 *in fine*. Cet auteur, qui adopte
notre opinion en principe, l'attribue au jurisconsulte Ulpien lui-même,
qui l'aurait transmise aux compilateurs de Justinien. « L'opinion d'Ulpien,
dit M. Jourdan, est conforme à ses tendances généralement progressistes ;
aussi est-elle à considérer comme *sententia recepta*, et a-t-elle été accueillie
dans le corps de droit de Justinien. »

pour les parties et pour la société, que l'affaire soit liqui-
dée. Depuis que la *venditio bonorum* a été remplacée par
la *distractio bonorum*, le *jus distrahendi* peut, sans trop
d'inexactitude, être considéré comme l'apanage de tout
droit de créance. La manière de l'exercer diffère, il est
vrai, notablement. Un créancier pur et simple doit recourir au magistrat; il fait vendre à l'avantage de tous les
créanciers qui se font connaître en temps utile. Le créancier gagiste ou hypothécaire vend à son avantage exclusif.
Mais à l'égard du débiteur le résultat n'est pas plus dé-
sastreux dans un cas que dans l'autre. Pourquoi le débiteur y mettrait-il obstacle? » (14)

Il n'y a rien de spécial à ajouter en ce qui concerne le
droit pour le créancier hypothécaire de se payer sur le
prix de la vente. Ce droit, comme nous avons déjà eu
l'occasion de le dire, est une conséquence du *jus distrahendi*, et son développement historique est le même.

(14) Inst. Ortolan. Éd. Labbé. Appendice X, p. 840.

CHAPITRE II

Dans l'ordre chronologique, le droit à la possession de la chose hypothéquée est le premier qui doive fixer notre attention ; c'est là un point que nous avons suffisamment développé dans la partie historique de notre sujet. Nous allons maintenant nous demander successivement : 1° quel est le jeu de l'action hypothécaire et comment il tourne tout au profit du premier créancier hypothécaire ; 2° quelle est l'utilité de la possession, une fois obtenue au moyen de cette action.

§ 1er. — Exercice de l'action hypothécaire.

A. — Tout créancier hypothécaire a le *jus possidendi*, les interdits possessoires et l'action hypothécaire ; cela ne fait aucun doute, mais le premier créancier a seul cette action avec une énergie toute particulière, qui lui permet de se faire mettre en possession, soit en agissant contre le débiteur, soit en agissant contre un tiers détenteur, soit enfin en agissant contre un créancier hypothécaire postérieur. Ce dernier, s'il est en possession, ne peut lui opposer le raisonnement suivant : Je suis comme vous créancier hypothécaire ; comme vous, j'ai le droit de posséder la chose hypothéquée, « *in pari causa melior est causa possidentis* ». Le premier créancier n'a pas à s'inquiéter de cette circonstance que la possession est entre les mains d'un autre créancier hypothécaire ; il a acquis du débiteur un droit, qui n'a pu être affaibli par la concession d'autres hypothèques ; l'action, destinée à sanctionner ce droit, ne saurait donc être paralysée par une exception tirée de la qualité du défendeur. Quant au second créancier, il peut bien user de l'action hypothécaire, mais il ne réussira que s'il ne se trouve pas en conflit avec le premier. Il en est de même de tous les créanciers postérieurs ; tous ont le *jus possidendi*, mais ils ne peuvent en bénéficier, s'il leur est disputé par un créancier d'un rang préférable. Cette lutte pour obtenir la possession est analysée par un texte de Marcien (L. 12 Dig. XX. 4). Le *principium* de cette loi distingue deux hypothèses :

1° Le premier créancier possède : — Son droit est parfaitement assuré ; sa possession est régulière, et il n'a rien à craindre des autres créanciers ; à leurs poursuites il répondra victorieusement par l'exception « *si non mihi ante pignori hypothecæve nomine sit res obligata* », que les interprètes appellent « *exceptio potioris pignoris* ». M. Jourdan critique, avec raison, le langage de Marcien, et l'expression des interprètes, qui n'en est que l'abrégé. Le créancier, qui possède, peut se contenter d'opposer *l'exceptio pignoris* ; le demandeur y répondra par une *replicatio potioris pignoris*. « De cette façon, le créancier possesseur conserve toujours l'avantage que lui donne la possession dans ce dialogue qui résume l'instance : « Je suis créancier hypothécaire... — Moi aussi. — Mais je suis plus ancien en date.—Prouvez-le. » (Jourdan, *Hypothèque*, p. 576). (1)

2° Le premier créancier ne possède pas : — Il usera avec succès de l'action hypothécaire contre tout détenteur,

---

(1) C'est l'application du principe élémentaire : « *onus probandi incumbit actori ; reus in excipiendo fit actor.* » Le créancier hypothécaire, qui agit contre un autre créancier hypothécaire, doit faire la preuve de son droit de préférence. (Schilling, *loc. cit.*, § 15, p. 86.)

débiteur, tiers-acquéreur ou créancier hypothécaire. « *Si alio* (creditore) *possidente*, dit Marcien, *prior creditor vindicet hypothecaria actione, et ille excipiat: si non convenit, ut sibi res sit obligata, hic in modum supra relatum replicabit.* » Dans cette seconde hypothèse, le jurisconsulte applique avec exactitude les principes relatifs à la preuve. Le premier créancier, qui poursuit, est arrêté par *l'exceptio pignoris;* mais il triomphera dans sa réplique en prouvant l'antériorité de son droit *(replicatio potioris pignoris).*

B. — L'action hypothécaire est la sanction du droit à la possession; mais est-il sûr qu'elle aboutisse à une mise en possession du créancier qui l'intente? On a dit souvent que cette action poursuit un but alternatif, caractérisé par ces mots: *aut cede aut solve.* C'est inexact; le créancier n'a qu'un droit, celui d'exiger le délaissement de la chose et de se faire mettre en possession; c'est là l'objet direct, immédiat de l'action quasi-servienne (2); la preuve en est que le détenteur doit être absous, si la chose hypothéquée a péri fortuitement, ou si ce n'est point par son dol qu'il a cessé de posséder. « *Si is, cum quo actum est, non possideat, nec dolo fecerit quominus possideat, absolvi debet* », dit Marcien (L. 18 § 3 Dig. XX. 1). S'il s'agissait d'une véritable alternative, le détenteur devrait être condamné à payer le créancier poursuivant, qui lui dirait avec raison: Vous êtes tenu de payer ou de délaisser; s'il vous est impossible de me livrer la chose, vous pouvez toujours me payer. Ce raisonnement, le créancier ne peut le faire, parce que le paiement n'est que *in facultate possessoris;* le détenteur ne possède pas,

(2) Cela résulte, dit M. Accarias (*Précis de droit romain,* t. II, § 821), des expressions *persequi rem, pignus, hypothecam,* qui, en cette matière, se rencontrent à chaque instant sous la plume des jurisconsultes.

et il n'y a pas de dol de sa part ; il est libéré. Un texte de Paul nous autorise à appliquer ici ces principes de l'obli_gation facultative. Ceux qui, dit-il, poursuivent une chose hypothéquée, sont repoussés dans cette revendication, si le possesseur, quel qu'il soit, *offre de payer* (L. 12, § 1. Dig. XX, 6). En parlant d'une offre de payer (*si offerre vellet*), le jurisconsulte indique bien qu'il s'agit d'une faculté accordée au possesseur.

Le créancier peut trouver un défendeur, qui ne veuille ni délaisser ni payer ; que faire alors ? Sous Justinien, c'est bien simple ; le juge condamnera le détenteur à délaisser et la sentence s'exécutera « *manu militari* » ; mais, à l'époque classique, c'était bien différent ; toutes les condamnations devaient être pécuniaires, c'était le principe qui dominait la procédure formulaire. Sur quelles bases devait se faire l'estimation dans notre es-pèce ? Ulpien distingue : si c'est le débiteur lui-même qui est défendeur, la condamnation sera égale au montant de la créance et de ses accessoires, parce que l'intérêt du créancier né va pas au delà ; si c'est un tiers posses-seur, elle pourra être plus forte ; dans ce cas, l'excédent de la condamnation sur la créance garantie devra être restitué par le créancier au débiteur ou aux autres créan-ciers hypothécaires (L. 21 § 3. Dig. XX, 1).

§ 2. — Utilité de la possession.

A. — La possession confère d'abord un droit de réten-tion s'appliquant à la créance hypothécaire ; le débiteur qui veut recouvrer sa chose ne le peut qu'en se libérant ; mais est-ce tout ? Le créancier a-t-il le droit d'user de la chose, d'en percevoir les fruits ? Oui, le créancier peut, il *doit* même recueillir les fruits pour les imputer sur ce qui

lui est dû, d'abord sur les intérêts, puis sur le capital ;
mais il ne faut pas aller trop loin et lui permettre d'user
et de jouir des objets engagés qui servent à l'usage per-
sonnel du débiteur, tels que les vêtements, le linge, les
bijoux, etc....; il commettrait alors un *furtum usûs*. Le
créancier peut, du reste, se soustraire à la responsabilité
de la garde et de l'administration de la chose en la louant
au débiteur ou la lui concédant à titre précaire. Dans le
premier cas, le prix de la location comme les fruits était
imputé sans doute sur les intérêts, puis sur le capital de
la dette garantie ; dans le second, le débiteur concession-
naire n'avait qu'une simple détention vis-à-vis du créancier concédant ; à l'encontre de tous autres, il était réellement possesseur (3).

B. — Le *jus possidendi* pouvait être accompagné d'un
pacte d'antichrèse (*pactum antichreticum*, du mot grec
αντίχρησις, qui signifie *mutuus usus*). Dans cette hypothèse,
la jouissance de la chose engagée était accordée au créancier pour lui tenir lieu d'intérêts et en compensation de
l'avantage que le débiteur pouvait retirer de la somme
due. Le pacte d'antichrèse n'est autre chose qu'un forfait
en vertu duquel les intérêts et les fruits sont réputés se
compenser ; il est particulièrement visé dans un texte du
jurisconsulte Marcien, dont voici la teneur : « *Si pecuniam
debitor solverit, potest pigneratitia actione uti ad recupe-
randam* αντίχρησιν *; nam quum pignus sit, hoc verbo uti
potest* » (L. 33 Dig. XIII. 7). « Si le débiteur a payé, il peut
agir par l'action pignératitienne pour recouvrer la chose
donnée à antichrèse ; car comme c'est un gage, il peut
employer l'action de ce nom » (4).

(3) Vernet. *Théorie des obligations*, p. 89, et Jourdan, *Hypothèque*,
p. 502.

(4) Van Wetter, *Cours de droit romain*, § 165. — Schilling, trad. Pellat,

C. — Vers la fin de l'époque classique, en l'an 240 de notre ère, l'empereur Gordien vint, par une constitution (Const. unica., Cod. VIII. 27), augmenter l'importance de la possession accordée au créancier hypothécaire ; d'après ce rescrit, le créancier nanti peut exercer un droit de rétention pour des créances simplement chirographaires contre le même débiteur, jusqu'à ce qu'il ait été payé. « *Jure contendis*, dit Gordien, *debitores eam solam pecuniam, cujus nomine ea pignora obligaverunt, offerentes audiri non oportere, nisi pro illid etiam satisfecerint, quam mutuam simpliciter acceperunt.* » C'est pour le droit postérieur à ce rescrit que Haubold a pu écrire : « *Vis ordinaria pignoris est jus retinendi rem oppignoratam etiam ob chirographariam pecuniam* (5). » Auparavant, ne pouvait en être ainsi ; car ce droit de rétention est tout à-fait en dehors des principes de la rétention ordinaire ; elle suppose un « *debitum cum re junctum* », que l'on ne saurait découvrir dans les dettes chirographaires visées par la constitution ; il fallait donc un texte pour l'établir (6).

p. 153. Le pacte d'antichrèse pouvait avoir lieu tacitement, par cela seul qu'une chose frugifère était donnée en gage pour un capital ne portant pas intérêt. (L. 8, Dig. XX, 2). Lorsqu'un débiteur, dit le jurisconsulte Paul, use gratuitement d'une somme d'argent, le créancier nanti peut retenir les intérêts de cette somme au taux légal (*ad modum legitimum*) sur les fruits du bien engagé. Voir aussi Marezoll, trad. Pellat, § 115, p. 305.

(5) Haubold, *Institutionum juris romani privati lineamenta*, liv. II, § 546.

(6) Van Wetter, *loc. cit.*, t. I, § 167. Le droit de rétention de l'empereur Gordien n'appartient pas seulement au créancier nanti du chef d'obligations connexes à la chose possédée, mais à raison d'obligations quelconques. — Il a été adopté par les rédacteurs du Code civil, mais seulement pour les dettes contractées après la constitution du gage par le même débiteur envers le même créancier ; le fondement de l'art. 2082 de notre Code civil est l'idée de gage tacite.

Ce droit de rétention étant évidemment un corollaire de la possession, il est aisé de voir que c'est le premier créancier hypothécaire qui en usera presque toujours ; car c'est lui qui est préféré pour la mise en possession. De là une question très intéressante : Pourra-t-il en profiter pour se payer de ses créances chirographaires contre le même débiteur au détriment des créanciers hypothécaires pos- térieurs ? L'affirmative eût été souverainement injuste ; aussi est-elle formellement repoussée par le rescrit de Gordien : « *quod in secundo creditore locum non habet ; nec enim ei necessitas imponitur chirographarium etiam debitum priori creditori offerre* ». Cette solution est déve- loppée aussi par le jurisconsulte Tryphoninus dans la loi 20 Dig. XX. 4.

CHAPITRE III

Le *jus distrahendi* dont nous avons longuement étudié l'origine et le développement dans les diverses phases de la jurisprudence romaine est, sans contredit, le droit le plus important, et, en quelque sorte, caractéristique du créancier hypothécaire. A ce titre, il mérite une attention toute particulière. Pour le traiter d'une manière complète, nous parlerons successivement de la supériorité accordée au premier créancier hypothécaire, des conditions de la vente, des formes dans lesquelles elle peut être faite, enfin de ses effets ou des obligations qu'elle engendre.

§ 1er. — Supériorité du premier créancier hypothécaire

« Le droit essentiel, dit Van Wetter, qui appartient au créancier hypothécaire consiste à pouvoir vendre l'objet hypothéqué avec un droit de suite et un droit de préférence (1). » Cette phrase d'une exactitude juridique parfaite résume très bien, à notre avis, le véritable caractère du *jus distrahendi*, lequel se compose d'un mélange du droit de suite et du droit de préférence. Le droit de vendre fait partie du droit de suite lorsque le créancier hypothécaire poursuit le tiers-détenteur pour obtenir de lui la tradition de la chose et se trouver ainsi à même de l'aliéner ; il en est de même lorsque ce créancier vend le bien hypothéqué qu'il ne possède pas et cède à l'acquéreur son action hy-

(1) Van Wetter, *Cours de droit romain*, t. 1, § 166.

pothécaire contre le tiers détenteur, conformément à une loi de Paul ainsi conçue : « *Creditor, qui jure suo pignus distrahit, tradere utique debet possessionem* » (L. 13, Dig. XX. 5). Mais le *jus distrahendi* est, à n'en pas douter, le plus précieux avantage de la priorité hypothécaire, lorsqu'il y a conflit entre les différents créanciers qui ont la même garantie. La loi romaine accorde alors une supériorité très marquée au premier créancier hypothécaire. Sans aller jusqu'à prétendre que le *jus distrahendi* lui soit exclusivement réservé, nous pouvons affirmer que seul il peut donner à l'acquéreur du gage un droit de propriété à l'abri de toute nouvelle poursuite hypothécaire. C'est là notre réponse à la question suivante : Faut-il refuser d'une façon absolue aux créanciers postérieurs le droit de vendre et aliéner (2) ? Nous allons essayer de la justifier.

Les textes disent que *Secundus* fait une vente régulière quand il a désintéressé *Primus* : « *Cum secundus creditor, oblatâ priori pecuniâ, in locum ejus successerit, venditionem ob pecuniam solutam et creditam recte facit* » (L. 5 princ. Dig. XX. 5), mais qu'il n'a pas le droit de vendre avant l'exercice du *jus offerendæ pecuniæ* : « *ante priorem creditorem dimissum, nullo jure bona titulo pignoris vendidit* » (L. 1 Dig. eod. tit). Le second créancier, en cette qualité, ne peut donc consentir qu'une vente irrégulière ; quel est le caractère de cette irrégularité ? — On a soutenu que la vente était entachée d'une véritable nullité, opposable par le débiteur et le troisième créancier ; mais cette solution ne paraît ni logique ni conforme aux idées des jurisconsultes romains. Le débiteur ne peut honnêtement

<hr/>

(2) *Sic* : Maynz, *Cours de droit romain*, 1, § 250. — Van Wetter, 1, § 166. — Wangerow, 1, § 388. — Jourdan, *Hypothèque*, p. 516. — Marezoll, traduction Pellat, § 11, p. 305. — *Contrà* : Dernburg, *Pfandrecht*, c. II, § 160, *in principio*. Sintenis, l c., § 68.

attaquer la vente faite par *Secundus*, puisque en consentant l'hypothèque, il a donné lui-même au créancier le droit de vendre. Quant à *Tertius*, il ne peut contester un acte fait par un créancier d'un rang supérieur, et d'ailleurs il ne saurait avoir plus de droits que le débiteur lui-même dont il est l'ayant cause. Il n'y a donc qu'une seule personne qui puisse utilement contester la vente consentie par *Secundus*, c'est le premier créancier. Papinien, dans la loi 1 précitée, exprime ce résultat en ces termes : « *Prior creditor possessores interpellare debet.* » Le premier créancier, traduirons-nous, peut considérer la vente comme non avenue et intenter l'action hypothécaire contre tout possesseur (3).

Le droit de vendre appartient donc à tout créancier hypothécaire, mais l'acheteur est dans une situation bien différente suivant que la vente émane du premier créancier ou d'un créancier postérieur. S'il est l'ayant cause du premier créancier, il jouit d'une sécurité complète vis-à-vis des autres créanciers d'un rang inférieur ; la vente *purge* le bien des hypothèques postérieures qui le grevaient : « *Si vendidisset qui ante pignus accepit, persecutio tibi hypothecaria superesse non potest.* » (L. 1 Cod. VIII. 20). Au contraire, le second créancier ne peut porter atteinte, en vendant, au droit du premier, et l'acquéreur est exposé à être évincé sur ses poursuites. Dans ce cas, le créancier vendeur est garant de l'éviction, parce qu'elle résulte de la faiblesse de son propre droit : « *quoniam hoc utique præstare debet qui pignoris jure vendit, potiorem*

---

(3). Il est bien évident que si *Secundus* a employé le prix de la vente à désintéresser *Primus*, l'acquéreur n'aura aucun danger à redouter. Il y a plus ; si la vente faite par *Secundus* a eu lieu en présence de *Primus* qui ne dit rien, ce silence s'interprète contre lui et il perd le droit de poursuivre le possesseur par l'action hypothécaire.

se cæteris creditoribus esse. » (L. 1 Cod. VIII. 46.). Voilà
la véritable théorie romaine ; nous pouvons dès lors apprécier la part de vérité contenue dans cette phrase si
souvent répétée : Le premier créancier seul a le droit de
vendre. Non, tous les créanciers hypothécaires ont le *jus
distrahendi,* mais c'est le premier seul qui a la plénitude
du droit hypothécaire et peut, par l'aliénation, dégrever la
chose de toutes les hypothèques qui la grevaient (4).

Le premier créancier domine de son droit supérieur
l'ensemble de la situation hypothécaire ; il tient en échec
tous les créanciers postérieurs, non seulement quand il
aliène lui-même, mais encore quand il donne son adhésion
à la vente faite par le débiteur engagiste. C'est là un point
bien remarquable, et qui entraîne deux grandes conséquences : 1° Le créancier autorisant ne peut plus user de
l'action hypothécaire contre l'acquéreur ; il est considéré
comme renonçant au droit d'hypothèque : « *Si voluntate
creditoris fundus alienatus est, inverecunde applicari
sibi eum creditor desiderat, si tamen effectus sit secutus
venditionis.* » (L. 8, § 6, Dig. XX. 6.) Il sera donc repoussé
à l'aide d'une exception « *nisi creditoris voluntate
veniit* » (L. 9 § 9. *eod. tit.*), et cela est de toute justice ;
car l'acquéreur a dû compter sur l'engagement tacite
qu'il a pris de ne pas l'évincer en autorisant l'aliénation
faite à son profit ; 2° La vente faite par le débiteur *consensu creditoris* est assimilée, quant à ses effets, à la
vente faite par le créancier lui-même (L. 4. § 1. Dig. XX 6);

---

(4) La vente faite par le premier créancier, dit Maynz, a pour effet de
mettre fin à toutes les hypothèques quelconques dont la chose peut se
trouver grevée (*Cours de droit romain*, t. I, § 250). — Voir aussi dans le
même sens Van Wetter, *loc. cit.*, § 166. — *Contrà :* Schilling, *loc. cit.*,
§ 17. Le second créancier, dit cet auteur, ne peut, tant que le premier
n'est pas encore satisfait, aliéner lui-même *valablement* le gage.

si donc le deuxième créancier poursuit l'acquéreur, son action hypothécaire sera victorieusement repoussée (5).

Les conséquences si considérables de l'autorisation du premier créancier rendent fort importante la question de savoir si elle peut être tacite, et de quels faits elle résulte. La réponse est donnée par la loi (8 § 15 et suiv. Dig. XX. 6), qui admet formellement l'adhésion tacite et en donne des exemples. Le créancier qui souscrit à l'acte de vente est censé avoir consenti à l'aliénation du gage ; mais son consentement ne pourra s'induire du silence qu'il a gardé alors qu'il connaissait parfaitement la vente : « *Si subscripserit forte in tabulis emptionis,* dit Marcien, *consensisse videtur,.. ; non videtur autem consensisse creditor si, sciente eo, debitor rem vendiderit, quum ideo passus est venire, quod sciebat ubique pignus durare.* »

§ 2. — Conditions.

1ʳᵉ Condition : — Le créancier hypothécaire ne peut vendre qu'à l'échéance (6). Il faut que la dette soit exigible, ce qui implique l'arrivée du terme ou la réalisation de la condition (Cod. L. 6 et 16. VIII. 28). Quand il s'agit d'une créance divisée en annuités, le non-paiement d'un seul terme suffit pour autoriser la vente ; c'est une conséquence du principe de l'indivisibilité de l'hypothèque, qui garantit chaque partie de la dette aussi bien que la totalité. Les textes sont muets sur la question théorique ; Pomponius ne s'occupe que du cas où les parties ont

---

(5) L'acquéreur opposera à l'action quasi-servienne l'exception *nisi, prioris creditoris consensu venierit.*

(6) Maynz, *loc. cit.,* t. I, § 217, p. 784 et 785, et Jourdan, *Hypothèque* p. 518. Avant tout, dit Van Wetter, *loc. cit.,* § 166, la dette doit être exigible ; car l'hypothèque ne doit produire ses effets que si le débiteur est en défaut de payer.

prévu la difficulté (L. 8 § 3 Dig. XIII. 7). Ont-elles dit :
« *Nisi sua quaque die pecunia soluta esset, vendere li-*
ceret, » il décide que la vente sera impossible avant que
tous les termes soient échus, parce que les expressions
employées paraissent embrasser tous les paiements,
« *quia eis verbis omnes pensiones demonstrarentur* ».
Ont-elles dit : « *Si qua pecunia sua die soluta non erit,* »
si un paiement n'est pas fait à son terme », dans ce
cas, le non-paiement d'une seule annuité au jour convenu
rend la vente possible. Le pacte de remise, consenti par
le créancier au débiteur, s'oppose aussi à l'exercice du
jus distrahendi (L. 4 Dig. XX. 5).

Le créancier qui vendrait avant l'échéance commettrait un véritable vol et serait tenu de l'*actio furti* (L. 73,
Dig. XLVII, 2) ; en outre, la tradition ne serait pas translative de la propriété et le débiteur, resté propriétaire de
sa chose, pourrait la revendiquer entre les mains de l'acquéreur. « *Quod nullo jure a creditore venditur a posses-*
soribus petere potes ». (L. 2. Cod. VIII. 30).

2ᵐᵉ Condition : — Même après l'échéance, l'exercice du
droit de vendre doit être suspendu par l'offre d'un paiement
intégral (L. 2 Cod. VIII. 29) : « *Debitoris denuntiatio.... ita*
demum efficax est, si universum tam sortis quam usura-
rum offerat debitori. »

Le créancier désintéressé ou qui refuse de recevoir le
paiement n'a plus aucun droit sur la chose qui est libérée ;
si donc malgré les offres réelles de la somme due, suivies
d'un dépôt régulier, la vente a été consentie, elle ne pourra
avoir aucun effet vis-à-vis du débiteur ; car elle aura été
faite sans droit. « *Improba alienatio proprietatis tuæ jus*
non offert » (L. 5 Cod. VIII. 28). Cette solution est rejetée
par Gordien en termes non moins formels : « *Si prius*
quam distraheretur pignorata possessio, pecuniam creditori

obtulisti, eoque non accipiente, eam deposuisti…, pignoris distractio non valet. » (L. 8 Cod. eod. tit.)

3ᵐᵉ Condition : — Le créancier, qui vend, doit s'abstenir de tout dol. Si, l'échéance arrivée, le débiteur n'est pas disposé à payer, le droit de vendre est absolu pour le créancier, qui peut en user, selon ses convenances, et sans tenir aucun compte de l'intérêt du débiteur ni des créanciers postérieurs (L. 3 Cod. VIII. 20) ; il est le maître de la situation ; une seule obligation lui incombe, c'est celle d'agir sans dol, sans dessein de nuire ; c'est la seule restriction imposée au pouvoir exorbitant qui lui est dévolu (L. 1 et 2 Cod. VIII. 29 et L. 4 Cod. VIII. 30). Sans doute, les textes prescrivent certaines formalités au créancier vendeur ; certains délais lui sont impartis ; mais la sanction de l'inobservation de ces formalités, de ces délais n'est pas nettement indiquée par les textes, et tout se ramène, en général, à une appréciation de la loyauté du créancier, c'est-à-dire à une question de bonne foi :

1° Une publicité, préalable à la vente, est exigée par la loi 4 (Cod. VIII. 28) ; elle consiste en un avertissement donné au débiteur par le créancier « *creditor, cum proscribit hypothecas, notum debitori facere… debet* » (7) ; le texte ne dit pas que les créanciers postérieurs doivent aussi être avertis ; le principe de l'hypothèque occulte explique très bien ce silence ; le créancier ne peut en effet prévenir d'autres créanciers qu'il est présumé ne pas connaître. Ceux-ci seront, sans doute, mis au courant par le débiteur, qui a, comme eux, un intérêt considérable à amener beaucoup d'acquéreurs pour provoquer entre eux une concurrence et faire monter le prix d'achat.

_____

(7) Le créancier doit sommer son débiteur de payer, afin que le débiteur puisse encore prévenir la vente en payant. (Van Wetter, *loc. cit.*, § 166.)

Si cette publicité n'est pas observée, il n'y a pas de sanction bien précise dans les textes. Ce sera surtout une question de fait ; le juge compétent devra examiner si la vente a été poursuivie avec bonne foi par le créancier, « *qui sibi bona fide gerere debet* ».

2° Le créancier doit observer les délais suivants : — Lorsque le constituant a expressément autorisé la vente, faute de paiement a l'échéance, elle peut avoir lieu incontinent. Lorsque les parties n'ont rien dit, ou lorsqu'elles ont inséré la clause prohibitive de la vente, le créancier, impayé à l'échéance, doit envoyer trois avertissements préalables au débiteur avant d'aliéner (Paul. Sent. II. V. 1) (L. 4 et 5 Dig. XIII. 7). La clause permissive tacite oblige donc le créancier aux mêmes formalités que la clause exclusive du droit de vendre (8). Tel était le droit classique ; Justinien supprime cette anomalie ; il décide que, si les parties n'ont rien dit, un avertissement suffira et que, deux ans après, la vente sera possible (L. 3. § 1, Cod. VIII. 34). « Si *nulla pactio intercesserit, licentia dabitur fœneratori ex denuntiatione post biennium eam vendere ;* » mais, dans le cas d'une clause prohibitive, l'ancien droit persiste ; il faut encore trois sommations, et de plus attendre deux ans pour pouvoir procéder à la vente.

Quelle est la sanction de l'inobservation de ces délais ? Ulpien dit que le créancier doit faire les trois sommations de payer sous peine d'être tenu de l'action de vol (L. 4 Dig. XIII. 7) ; mais à quelle époque doit avoir lieu le premier avertissement ? Quand pourra-t-on dire que les trois sommations n'ont pas été faites ? Quel intervalle doit séparer chacune d'elles ? Voilà des points sur lesquels règne une grande obscurité. Certains prétendent que cet intervalle

_____

(8) Vernet, *Théorie des obligations*, p. 91. — Jourdan, *Hypothèque*, p. 521 et s.

devait être de dix jours. La Glose condamne une fraude
assez curieuse qui était anciennement usitée : le créancier
répétait trois fois de suite au débiteur : *solve, solve, solve*,
et les trois dénonciations étaient considérées comme faites
(Glos. ad leg. 4. Dig. XIII. 7). La possibilité d'imaginer un
pareil procédé semble prouver que la loi ne s'était jamais
expliquée, et que le juge devait avoir un large pouvoir d'appréciation ; il recherchait si la conduite du créancier avait
été loyale ; et si le débiteur réussissait à prouver que la
vente avait été frauduleuse, il fallait lui accorder une réparation (L. 1. Cod. VIII. 30).

La publicité, les délais préalables à l'exercice du
droit de vendre n'ont donc pas une sanction bien dé-
finie ; mais si à l'inobservation de ces formalités vient
s'ajouter la fraude, les textes sont très explicites ; ils font
la distinction suivante : Si le créancier vendeur est seul
coupable de la fraude, le débiteur aura contre lui une action
en dommages et intérêts ; c'est la seule voie de recours
qui lui est offerte ; mais si le débiteur prouve que l'acquéreur a participé à la fraude, il pourra recourir contre lui et
faire révoquer l'aliénation (L. 4. Cod. VIII. 30) : « *Adito*
præside provinciæ experire actione competenti, non tan-
tum adversus creditorem, verum etiam adversus posses-
sorem, si fraudem cum participasse cum creditore docere
potueris : ut revocatis quæ mala fide gesta constiterit,
et fructuum ratio, et damni, quod irrogatum apparuerit,
haberi possit. »

§ 3. — Formes de la vente.

La vente pouvait avoir lieu à l'amiable ou aux enchères;
ce second procédé n'était obligatoire (9) que dans deux cas:

(9). Le créancier est libre, sous la responsabilité de sa gestion, de faire
la vente publiquement ou de la main à la main (L. 3 Cod. VIII, 34.)
(Van Wetter, *loc. cit.*, § 166).

1° Quand la vente était provoquée au nom du fisc (L. 50 Dig. XLIX. 14) ; 2° Quand elle avait lieu par voie d'autorité pour des gages saisis sur le débiteur en vertu d'un ordre du magistrat, c'est-à-dire dans l'hypothèse du « *pignus in causa judicati captum* » (L. 2. Cod, VIII. 23). La vente ne pouvait avoir lieu que deux mois après la saisie ; c'est ce que décide un rescrit d'Antonin le Pieux, rapporté au Digeste (L. 31. XLII. 1) « *Si intra duos menses non solverint, pignora vendantur* ».

Le créancier, qui vend, ne peut se porter acquéreur ; car il y aurait incompatibilité absolue entre son intérêt d'acheteur et son droit de vendeur ; l'acquisition qu'il ferait par personne interposée serait nulle, et la situation resterait la même après qu'avant la vente ; c'est ce que dit formellement un rescrit des empereurs Dioclétien et Maximien : « *Et qui sub imagine alterius personæ, quam supposuerat, jugiter tenet, cum sibi negotium gerat, alienasse non videtur....... ; sed in eadem causa permanet in quâ fuit ante hujus modi collusionem* » (L. 10. Cod. VIII. 28). Le débiteur ne peut acheter sa propre chose ; il y aurait là un non-sens juridique. Les textes déclarent enfin incapables d'acheter le créancier postérieur et la caution (L. 5 § 1 Dig. XX. 5). Toute autre personne peut acquérir le bien vendu par le créancier hypothécaire. Qu'arrivera-t-il si aucun acquéreur ne se présente ? Il faut faire une distinction suivant qu'il s'agit d'une vente amiable ou d'une vente aux enchères.

a. S'il s'agit d'une vente aux enchères, le créancier a le droit ou d'enchérir et de se porter lui-même acquéreur, « *ad licitationem admittetur* » (L. 2. Cod. VIII, 23), ou de se faire envoyer en possession par le magistrat, « *si apud præsidem provinciæ allegaveris, ambitione diversæ partis emptorem non invenire potuisse, in possessionem rerum*

te mittet » (L. 3 Cod. VIII. 23). Il est rare que l'on re-
coure à ces deux dernières solutions ; « *pignora ex aucto-
toritate præsidis capta*, dit Gordien, *potius distrahi quam
jure dominii possideri consueverunt*». L'envoi en possession
par le magistrat ou l'adjudication de la propriété par l'empereur semblent n'être employés en général, que si le créancier ne trouve pas d'acheteur grâce aux manœuvres ou à
l'influence du débiteur *(ambitione vel calliditate condem-
nati*, disent les textes précités).

b. Dans la vente amiable, le créancier qui ne trouvait
pas d'acquéreur, et désirait obtenir lui-même la propriété
du gage, devait procéder à une mise en vente publique,
« *in pignoribus, quæ aliquis jure dominii possidere cupie-
bat, proscriptio publica antiquitus introducta est* ». De
plus, pendant une année *(annus luitionis)*, le débiteur avait
encore le droit de dégager sa chose. — Tel était l'ancien
droit ; Justinien le constate (L. 3 Cod. VIII. 34), mais il
ajoute que c'étaient là des formalités tombées en désué-
tude. En conséquence il déclare, en grande pompe, qu'il
va les supprimer et leur en substituer d'autres plus efficaces, « *vetustissimam observationem penitus esse duxi-
mus amputandam, imo magis elarioribus remediis cor-
rigendam* ». Cet illustre remède est l'*impetratio dominii*.
Si aucun acheteur ne se présente et que le créancier soit
forcé de s'attribuer la propriété de la chose, Justinien
décide qu'il doit envoyer un avertissement au débiteur
pour lui exposer la situation et le sommer de libérer la
chose ; si cette sommation reste sans résultat, le créancier
pourra recourir à l'empereur *(tunc adeat culmen principale)* et obtenir de lui l'envoi en possession *jure dominii* ;
un rescrit impérial *(divinum oraculum)* statuera sur ce
point. Cette attribution de la propriété par le prince ne
devient définitive qu'après un délai de deux ans pendant

lequel le débiteur peut payer et recouvrer la chose hypothéquée (L. 3 § 2 et 3 Cod. eod. tit.)

§ 4. — Effets de la vente.

La vente ordinaire produit plusieurs obligations indiquées par Ulpien (L. 11 § 1, Dig. XIX, 1). Le vendeur doit
s'abstenir de tout dol *(purgari dolo malo)*, livrer la possession à l'acquéreur, et garantir ce dernier contre toute
éviction. Quant à l'acheteur, il est tenu de payer le prix de
la vente. Nous allons étudier les diverses particularités que
ces obligations peuvent présenter dans la vente consentie
par le premier créancier hypothécaire.

A. Obligation de s'abstenir de tout dol. — Le créancier vendeur doit agir de bonne foi, « *dolum malum abesse
præstare debet »* ; c'est le droit commun de tous les con-
trats *bonæ fidei.* La loi 11 § 16 (Dig. XIX. 1) en fait l'application à la vente d'un bien hypothéqué : « *dolum planè
creditor præstabit : denique etiam repromittit de dolo, sed
etsi non repromiserit, sciens tamen sibi non obligatam,
vel non esse ejus qui sibi obligavit, vendiderit, tenebitur
ex empto, quia dolum eum præstare ostendimus.* » Ainsi
sans difficulté aucune *(planè,* dit Ulpien), le créancier doit
répondre de son dol comme tout autre vendeur, et l'acheteur aura contre lui l'*actio ex empto.* La même solution
est donnée par l'empereur Gordien dans la constitution 2
(Cod. VIII. 46).

B. Obligation de livrer. — Le créancier vendeur doit
livrer la chose engagée, ou, s'il ne la possède pas, céder
l'action hypothécaire : « *Creditor, qui jure suo pignus distrahit, jus suum cedere debet, et, si pignus possidet, tradere utique debet possessionem.* » (Paul, L. 13. Dig. XX.
5). Les principes ordinaires de la vente sont applicables ;

il suit de là (voir § 44. *Institutes de Justinien, De rerum divisione*) que jusqu'au paiement il n'y a pas eu d'aliénation, que le débiteur est resté propriétaire du gage, et que le créancier a conservé son hypothèque. Mais quand le prix a été payé, il peut exister encore des rapports d'obligation purement personnels entre le créancier et le débiteur, mais il n'y a plus de *rei obligatio*, d'hypothèque (10).

Ce qu'il y a de particulier ici, c'est que le créancier hypothécaire vend et aliène une chose qui ne lui appartient pas *(Institutes de Justinien*, § 1, *Quib. alien. licet vel non*. « *Creditor*, dit le jurisconsulte Ulpien, *pignus vendendo, causam dominii præstat, quam ipse non habuit* » (L. 46. Dig. XLI. 1). Comment cela s'explique-t-il? L'idée d'un mandat donné par le débiteur propriétaire vient tout naturellement à l'esprit. « Le créancier, dit fort bien Van Wetter, apparaît comme le représentant du débiteur, en vertu de la faculté d'aliéner contenue dans l'hypothèque. » Cette idée est conforme aux textes de Gaïus et de Justinien (Gaïus, C. II, § 64 ; Inst. Just., § 1 *précité) : « Hoc forsitan ideo videtur fieri quod voluntate debitoris intelligitur pignus alienari, qui ab initio pactus est ut liceret creditori pignus vendere, si pecunia non solvatur.»* Bien plus, Paul assimile en termes formels le créancier hypothécaire à un mandataire ou *procurator : « Quod creditor agit pro eo habendum est ac si debitor per procuratorem egisset* » (L. 29, Dig. X. 2). Cette explication, donnée par tous les jurisconsultes romains, est encore admissible, quand les parties n'ont rien dit sur la faculté de vendre ; on peut prétendre alors qu'il y a un mandat tacite d'aliéner résultant de la concession même de l'hypothèque. Mais quand le *jus distrahendi* est devenu, sous Justinien, un attribut essentiel de l'hypothèque, si les parties

(10). Jourdan, *loc. cit.*, p. 592.

4

ont ajouté au pacte d'hypothèque une convention formelle destinée à l'exclure, il est difficile de s'en tenir à l'idée du mandat, puisque ce n'est plus *voluntate* mais *contrà voluntatem debitoris* que la vente aura lieu après la triple dénonciation exigée par la législation impériale. Il serait peut-être plus exact de dire, dans ce cas, que le créancier hypothécaire vend *jure proprio* et non plus *procuratorio nomine* (11).

C. Obligation de garantie. — Les jurisconsultes romains ont fait une distinction très importante :

La vente peut avoir eu lieu « *jure communi* », conformément au droit commun ; le créancier n'a pas dit à l'acquéreur qu'il était créancier hypothécaire ; il a vendu la chose comme lui appartenant ; dans ce cas, il faut appliquer purement et simplement les règles du contrat de vente, sous l'empire desquelles le créancier s'est placé en parfaite connaissance de cause ; en conséquence, l'obligation de garantie lui incombe comme à tout autre vendeur, et il peut être poursuivi par l'*actio empti* ou l'*actio ex stipulatu duplæ*, s'il n'a pas réussi à empêcher l'éviction.

La vente peut avoir eu lieu « *jure creditoris* » ; le créancier n'a pas dissimulé la qualité de son droit ; il a dit à l'acquéreur : je suis créancier premier en rang, j'ai donc le droit absolu de vendre le gage à l'encontre du débiteur et

---

(11). Van Wetter, *Cours de droit romain*, I, § 166, p. 564. — *Contrà* : Jourdan, *Hypothèque*, p. 527. Cet auteur soutient que, à toutes les époques de la législation romaine, le créancier n'agit pas en vertu d'un mandat, mais *jure proprio*. Il s'appuie notamment sur la loi 7, § 6. Dig. XLI. 4, et fait le raisonnement suivant : «Le mandataire infidèle ne transfère pas la propriété de la chose vendue ; or, le créancier qui vend frauduleusement n'en rend pas moins l'acheteur propriétaire ; donc le créancier vendeur n'est pas un mandataire. » — Cet argument, qui prouve simplement qu'il y a une différence, quant aux effets, entre le mandat de droit commun et le mandat donné au créancier hypothécaire, ne saurait prévaloir contre les textes si formels des jurisconsultes romains.

des créanciers postérieurs. L'acheteur compte sur la véra-
cité de cette déclaration ; le créancier doit la garantir, mais
c'est tout. Son obligation de garantie est beaucoup moins
étendue que celle d'un vendeur ordinaire ; il ne répond
que des évictions qui résultent d'un défaut de droit en sa
personne, et qui n'auraient pas pu se produire si sa déclaration eût été exacte ; mais il n'est pas garant des évictions qui se produisent par suite d'un défaut de droit en
la personne du constituant (12).

Cette doctrine résulte de la combinaison de trois textes
que nous allons analyser :

1° Dans le premier (L. 59. § 4. Dig. XVII.1) le jurisconsulte Paul se pose deux questions : *a* Si l'acheteur est
évincé, le créancier vendeur a-t-il un recours contre le
débiteur constituant ? *b* Faut-il pour cela distinguer,
suivant que la vente a été faite « *jure communi* » ou « *jure
creditoris* » ? Paul ne répond qu'à la première : le créancier aura un recours contre le débiteur, s'il n'a pu conserver
le prix qui avait servi à le désintéresser, c'est-à-dire s'il est
tenu de garantir l'acquéreur contre les suites de l'éviction ;
mais quand le créancier est-il garant ? C'est ici que Paul
devait placer la réponse à sa seconde question ; il devait
dire : il y a intérêt à distinguer suivant que le créancier a
vendu « *jure communi* » ou « *jure pignoris* », parce qu'il
doit la garantie (*de droit commun*) dans le premier cas, et
ne la doit pas dans le second.

(12) Cette distinction, fortement démontrée dans l'excellente dissertation
de M. Labbé sur la garantie, p. 41 et s., a été adoptée par la majorité
des auteurs. Van Wetter, *loc. cit.*, t. I, p. 565, la reproduit en ces termes:
« Ce n'est que dans certains cas spéciaux que le créancier est personnellement soumis à la garantie envers l'acheteur évincé, à savoir: (*a*) s'il a
vendu la chose comme sienne et non comme créancier hypothécaire ; car
vendant en son nom propre, il est tenu comme un vendeur ordinaire ;
(*b*) s'il n'était pas créancier premier en rang, et que l'éviction provienne

2° Cette réponse que les commissaires de Justinien ont
dû retrancher sans s'apercevoir qu'ils mutilaient le texte,
nous la trouvons dans la loi 11 § 16 (Dig. XX.1). Ulpien
veut comparer la situation d'un vendeur ordinaire et celle
du créancier qui vend le gage. Le créancier, dit-il, comme
tout autre vendeur, doit agir loyalement ; il doit répondre
de son dol alors même qu'il ne s'y serait pas engagé expressément (13) ; nul ne saurait se soustraire à une obligation
aussi équitable. Quant à la garantie, Ulpien ne parle que du
cas où le créancier a vendu *jure creditoris ;* s'il avait vendu
jure communi, il serait un vendeur ordinaire et devrait la
garantie de droit commun ; c'est l'évidence même ; mais
quand il a vendu *jure creditoris,* c'est bien différent ; il
ne doit pas la garantie, « *non tenetur nec ad pretium
restituendum ex empto actione creditor* ». De quelle garantie s'agit-il ? Évidemment de la garantie de droit commun que doit un vendeur ordinaire, et qu'il devrait lui-
même, s'il avait vendu *jure communi* (14).

3° Des deux textes précédents il résulte donc que le
créancier, qui a vendu *jure pignoris,* n'est pas tenu de la garantie ordinaire ; mais faut-il en conclure qu'il ne doit ja-

---

du créancier antérieur, auquel cas l'éviction lui est imputable. » Voir
dans le même sens Jourdan, *Hypothèque,* p. 533 et s.

(13) Voir plus haut, page 47, § 4, lettre A.

(14) Bonjean est d'un avis contraire : selon lui, le créancier vendeur est
toujours tenu de la garantie envers l'acquéreur, sauf son propre recours
contre celui qui a constitué le gage (*Traité des actions,* tome II, p. 184).
M. Bonjean cite à l'appui de sa manière de voir la loi 22, § 4, Dig. XIII,
7 ; mais il suffit de lire ce texte avec attention pour s'apercevoir qu'il
s'occupe du cas exceptionnel où le créancier gagiste a formellement pro-
mis de garantir l'acquéreur en répondant à la *stipulatio duplæ.* Le principe est que le créancier ne doit pas la garantie de droit commun ; mais
rien ne s'oppose à ce que cette garantie soit stipulée. Il paraît même que
cette stipulation se renouvelait fréquemment dans la pratique ; c'est ce
qui explique que M. Bonjean ait pris l'exception pour la règle.

mais garantir l'acquéreur contre les suites de l'éviction ? Le contraire semble formellement résulter d'une constitution de l'empereur Alexandre, qui soumet le créancier vendeur à une garantie toute spéciale, moins rigoureuse que celle qui incombe à tout vendeur d'après les règles normales de la vente. « *Hoc utique,* dit le rescrit, *prestare debet se potiorem esse cæteris creditoribus* » (L. 1, Cod. VIII. 46). Le créancier doit indemniser l'acheteur de toute éviction qui a sa cause dans la faiblesse de son propre droit (15). « Il garantit son droit de vendre en tant que créancier, dit fort exactement M. Labbé, son droit de transférer à l'acheteur la propriété telle quelle de l'auteur de l'engagement, rien de plus (16). »

L'acheteur ne pourra donc pas agir en garantie contre le créancier, s'il est évincé par suite d'un défaut de droit en la personne du constituant. Mais sera-t-il dépourvu de tout recours ? Non; le créancier doit lui céder l'action qu'il aurait eue contre son débiteur, s'il eût été lui-même évincé de la possession de la chose engagée, ou déclaré garant de l'éviction subie par l'acheteur. Cette action est l'*actio pigneratitia contraria* : « *Cui enim æquum non videbitur, vel hoc saltem consequi emptorem, quod sine dispendio creditoris futurum est?* » (L. 33. Dig. XXI.2). La cession en est éminemment juste, puisqu'elle ne porte aucun préjudice au créancier. Cette première voie de recours ne sera pas la seule. L'acquéreur pourra agir con-

---

(15) Vernet, dans son *Traité des obligations en droit romain*, p. 94, a soutenu une théorie diamétralement opposée à celle de M. Bonjean, énoncée dans la note précédente. A son avis, le créancier ne doit jamais garantie à l'acquéreur. Cette opinion nous paraît tout à fait insoutenable en présence du rescrit de l'empereur Alexandre, qui implique nécessairement de la part du créancier l'obligation de prouver la supériorité de son droit à l'encontre des autres créanciers.

(16) Labbé, *De la Garantie,* p. 38 et 45.

tre le débiteur constituant par une *actio empti utilis ;*
cette action est accordée par Hermogénien dans l'hypothèse d'un *pignus in causâ judicati captum ;* mais il n'y a
pas de raison pour établir une différence entre ce cas et
celui d'un *pignus conventionale* (L. 74. § 1. Dig. XXI, 2) :
« *Ex empto contra eum, qui pretio liberatus est, non quanti
interest sed de pretio dumtaxat ejusque usuris habitâ ra-
tione fructuum dabitur.* »

Ainsi se trouvent justifiées nos trois propositions : *a)*
il faut distinguer la vente faite *jure communi* de celle
consentie *jure creditoris* ou *pignoris ; b)* le créancier qui
vend *jure communi* est tenu de la garantie de droit commun ; *c)* le créancier qui vend *jure pignoris* n'est soumis
qu'à une garantie restreinte ; dans ce dernier cas, si le
créancier n'est pas garant, il doit céder l'*actio pigneratitia contraria* à l'acheteur évincé, qui pourra, en outre,
recourir contre le constituant par une *actio empti utilis.*

D. Obligation de payer le prix. — L'acheteur doit
verser le prix intégral de la vente entre les mains du
créancier vendeur (17) ; il ne peut se borner à lui payer le
montant de sa créance ; rien ne l'y autorise. Il ne connaît
pas le débiteur, et, s'il lui remet l'excédent du prix de la
vente sur la dette garantie, il s'expose à un recours, soit
des créanciers postérieurs lésés par l'insolvabilité du débiteur qui a dissipé cet excédent, soit du créancier vendeur
lui-même, s'il avait d'autres créances chirographaires,
garanties par le droit de rétention de l'empereur Gordien.
L'acquéreur doit donc payer tout le prix au créancier vendeur ; bien plus, il peut forcer ce dernier à le recevoir.
Ulpien, après nous avoir dit que le créancier hypothécaire,
qui a vendu, est responsable du *superfluum* envers le débiteur, ne lui reconnaît pas la faculté d'obliger ce débiteur

---

(17) Jourdan, *Hypothèque,* p. 537.

à accepter une délégation du prix, à concurrence de ce *superfluum* : « *Creditor judicio, quod de pignore dato proponitur, ut superfluum pretii cum usuris restituat, jure cogitur, nec audiendus erit, si velit emptorem delegare, quum in venditione, quæ fit, ex facto suum creditor negotium gerat.* » (L. 42 Dig. XIII. 7). Le *judicium*, dont parle ce texte, est l'*actio pigneratitia directa*, que le débiteur intente contre le créancier vendeur pour obtenir de lui la restitution de l'excédent. Pourra-t-il l'exercer, dès que l'aliénation du gage a eu lieu, mais avant que l'acquéreur ait payé son prix ? Il n'est pas possible d'admettre que le créancier vendeur puisse être forcé de restituer ce qu'il n'a pas reçu. Toutefois le débiteur ne sera pas sans ressource contre le créancier négligent, qui ne se fait pas payer ; il peut obtenir par l'*actio pigneratitia directa* la cession des actions qu'il a contre l'acquéreur ; mais si elles sont inefficaces, le créancier qui aura laissé survenir l'insolvabilité sera responsable de son inaction. « *Arbitror*, dit Ulpien, *non esse urgendum ad solutionem creditorem, sed aut exspectare debere debitorem, aut, si non exspectat, mandandas ei actiones adversus emptorem, periculo tamen venditoris.* » (L. 24 § 2. Dig. XIII. 7.)

CHAPITRE IV

Lorsque l'acheteur a exécuté son obligation, et a payé son prix, le troisième avantage du droit de préférence, celui qui est la fin et le but de l'hypothèque, pourra enfin être exercé par le premier créancier hypothécaire. Deux hypothèses peuvent se présenter :

A. Première hypothèse : — Le prix est inférieur à la créance du vendeur : La vente et l'aliénation faites par le premier créancier libèrent la chose vendue ; mais les rapports personnels subsistent (1). L'excédant de la créance garantie sur le prix de vente pourra être réclamé par voie d'action personnelle contre le débiteur et ses fidéjusseurs : « *Hypothecis venumdatis, in id quod deest, adversus reum vel fidejussorem ejus actio competit* » (L. 9. § 1. Dig. XX. 5 et L. 30. Cod. VIII. 28). Ici s'élève une question délicate, mais dont l'intérêt est plutôt théorique que pratique. Le créancier premier en rang, qui n'est pas entièrement payé, peut vouloir renouveler sa prétention hypothécaire contre son propre acquéreur. Il est certain qu'il devra perdre son procès ; car la vente implique nécessairement une renonciation à l'hypothèque et le droit hypothécaire est épuisé. Mais l'action hypothécaire est-elle éteinte *ipso jure* ou *exceptionis ope ?* La loi (4 § 1 Dig. XX. 6) sem-

(1) Si l'argent qui provient de la vente ne suffit pas pour acquitter la dette du premier créancier, le droit de *pignus* n'en est pas moins éteint ; mais l'obligation personnelle du débiteur continue de subsister. Maynz, *Cours de droit romain*, t. I, § 247, p. 787.

ble imposer la seconde solution ; elle est ainsi conçue : « *Si
in venditione pignoris consenserit creditor..., dicendum erit
pignus liberari, nisi salvâ causâ pignoris sui consensit (nam
solent multi salvâ causâ pignoris sui consentire). Sed et
si ipse vendiderit creditor, sic tamen venditionem fecit, ne
discederet a pignore. nisi ei satifiat, dicendum erit excep-
tionem ei non nocere.* » « Si le créancier a autorisé l'aliénation, il faut dire que la chose engagée est libérée, à
moins qu'il n'ait consenti que sous la réserve de son gage.
Pareillement, si le créancier aliène lui-même la chose,
mais stipule le paiement intégral de sa créance, comme
condition de sa renonciation, il faut dire que l'acheteur ne pourra lui opposer aucune exception (2). » —
Dans ce texte, Ulpien suppose d'abord une vente faite
par le débiteur *consensu creditoris ;* il est évident que
le créancier ne peut pas honnêtement demander que le
fonds vendu lui soit délaissé par l'acquéreur (L. 8 § 6.
Dig. XX. 6) (3). Si donc il intente contre lui l'action
hypothécaire, il sera repoussé par l'exception tirée de sa
renonciation à l'hypothèque, *exceptione nisi voluntate creditoris veniit* (L. 11 § 9 Dig. h. t.), à moins que, tout en
consentant à la vente, il n'ait formellement réservé son
hypothèque, auquel cas il pourra répondre par une *replicatio pignoris reservati,* sous la forme usuelle d'une *replicatio doli.* Le texte ajoute qu'il faut assimiler la vente faite
par le débiteur *consentiente creditore* à la vente faite par
le créancier lui-même ; celle-ci fait aussi présumer de sa
part une remise de l'hypothèque. Toutefois, le créancier
vendeur, qui, incomplètement désintéressé, voudrait intenter de nouveau l'action quasi-servienne contre son propre acquéreur, n'aura à craindre aucune exception, s'il

---

(2) Schilling, trad. Pellat, p. 95.
(3) V. plus haut pages 40 et 41.

s'est formellement réservé son droit hypothécaire jusqu'à parfait paiement ; d'où l'on peut assurément conclure que, sans cette réserve formelle, c'est par voie d'exception que le créancier hypothécaire serait repoussé (4).

B. Seconde hypothèse : — Le prix de la vente est supérieur à la créance du vendeur ; dans ce cas, le premier créancier doit rendre compte au débiteur ou aux créanciers postérieurs de l'excédent du prix sur sa propre créance. Le débiteur peut en réclamer la restitution par *l'actio pigneratitia directa* (L. 24 § 2. Dig. XIII. 7), si les créanciers postérieurs ne réclament pas ou s'il n'en existe point. Mais, quand il y a d'autres créanciers hypothécaires, qui, prévenus de la vente, veulent faire valoir leurs droits sur *l'hyperocha,* comment s'y prendront-ils ? Les textes nous disent bien que le premier créancier désintéressé doit distribuer l'excédent aux créanciers inférieurs dans leur ordre respectif, « *quod superfluum ex anteriore creditore accepit, hoc secundoc reditori restituat* » (L. 12. § 5. Dig. XX. 4.) ; mais ils ne parlent pas du moyen par lequel les créanciers pourront réclamer ce qui leur est dû. En général, on est d'accord pour reconnaître qu'ils n'auront qu'une action personnelle. La vente a purgé la chose de toutes les hypothèques qui la grevaient ; il n'y a plus de droit réel au profit des créanciers postérieurs, plus *d'obligatio rei*, en conséquence plus d'action réelle. Mais quelle est l'action personnelle qui leur est accordée ? Les glossateurs croyaient qu'ils pouvaient exercer une *actio in factum ;* mais il semble plus conforme à l'esprit général du droit romain de dire que les créanciers postérieurs usaient de *l'actio pigneratitia directa* exercée *utilitatis causd.* Leur droit hypothécaire s'est en quelque sorte transporté sur la créance du débiteur contre le premier créancier, créance qui a pour

(4). Jourdan, *Hypothèque,* p. 544

objet *l'hyperocha*. A l'hypothèque primitive, qui reposait
sur la chose vendue, a succédé un nouveau droit qui porte
sur cette *hyperocha*, une espèce de *pignus nominis*, dont
l'effet naturel est de donner aux titulaires de ce *pignus*
l'action de la créance engagée en vertu d'une cession tacite et sous-entendue. « En effet, écrit M. Jourdan, sur
quoi porte le droit hypothécaire du créancier postérieur,
Secundus ? Sur une somme d'argent due par Primus au
débiteur; c'est un *pignus nominis,* et nous savons que, dans
ce cas, le créancier n'est qu'un cessionnaire de l'action du
débiteur. Primus ne doit donc payer qu'entre les mains
de Secundus, si celui-ci a fait connaître son droit hypothécaire ; c'est à Secundus qu'il doit compte de ce qu'il a
reçu (5). » (L. 12. § 5 précitée). La garantie des créanciers
postérieurs n'est donc pas bien sérieuse ; ils ont exigé du
débiteur une hypothèque pour avoir une sûreté réelle, et
les voilà réduits à une action personnelle, qui sera ineffi-
cace, si le premier créancier devient insolvable, et qui s'é-
clipsera même complètement, si, ignorant leur existence,
il a restitué de bonne foi l'excédent au débiteur.

Quelle que soit l'insuffisance de la sanction, la responsabilité du premier créancier n'en existe pas moins ; il doit
rendre compte aux créanciers inférieurs de l'excédent du
prix de vente, et il doit le leur distribuer dans l'ordre de
leurs hypothèques respectives. « Quand il a vendu la
chose, dit M. Accarias, il se paye de ses propres mains, et,
s'il reste un excédant, c'est lui-même qui est chargé de le
distribuer aux créanciers subséquents selon leurs rangs
respectifs (6)». Le premier créancier joue le rôle de l'adjudicataire, de l'acquéreur ou de la caisse des dépôts et consignations dans notre procédure d'ordre ; c'est contre lui

(5). Jourdan, *loc. cit.*, p. 661. — Maynz, *loc. cit.*, t. I, p. 788.

(6). Accarias, *Précis de droit romain*, t. I.

qu'auraient été délivrés les bordereaux de collocation, s'il en eût existé dans la législation romaine. Cette comparaison nous montre que l'idée du droit de préférence, tel que nous le concevons aujourd'hui, s'est fait jour dans le droit romain. Les créanciers subséquents sont en présence du prix ; ils n'ont plus l'action hypothécaire mais l'hypothèque n'a pas disparu tout entière ; elle s'est seulement transformée pour se produire à l'état de droit de préférence sur ce prix que détient le premier créancier. Sans doute la garantie n'est pas en rapport avec l'importance du droit, mais ce droit existe. Si Secundus se fait connaître, Primus lui doit compte de l'excédent, disent les textes. S'il y a un nouvel excédent après le paiement de Secundus, c'est à Tertius qu'il devra être attribué, pourvu qu'il se présente, se manifeste en temps utile. Tous les interprètes du droit romain semblent d'accord sur ce point. Le savant doyen de la Faculté de Paris, Pellat, nous donne une analyse de ce que l'on peut considérer comme l'origine rudimentaire, le germe de la procédure d'ordre : « Quand le premier créancier a vendu et s'est payé sur le prix sans l'épuiser entièrement, celui qui le suit et qui se trouve actuellement en première ligne peut réclamer l'excédent et se payer à son tour là-dessus. Vient maintenant le créancier le plus proche, et ainsi de suite jusqu'à l'épuisement du prix, et alors l'hypothèque des créanciers suivants leur devient inutile (7). »

En résumé l'aliénation faite par le premier créancier n'éteint que le droit de suite, c'est-à-dire le droit d'inquiéter l'acquéreur, et de lui faire subir l'éviction (8). La vente *purge* les hypothèques, dirions-nous sous l'empire

(7) Pellat, *Traduction du cours de droit romain*, publié par Marezoll, § 116, p. 310.

(8) Maynz, *loc. cit.*, p. 786.

de notre loi actuelle. Mais le droit hypothécaire n'a pas complètement disparu, il y a plutôt une transformation de l'hypothèque, qui ne repose plus désormais que sur le prix et vient s'y exercer à l'état de droit de préférence. En d'autres termes, nous sommes amené à reconnaître ici une survivance du droit de préférence au droit de suite.

L'action hypothécaire est-elle éteinte *ipso jure* ou *exceptionis ope ?* Nous croyons que le tiers acquéreur devait la repousser à l'aide de l'exception « *nisi ab eo res empta est, cui ante erat obligata* ». C'est là une solution analogue à celle que nous avons donnée dans l'hypothèse précédente, en nous appuyant sur la loi 4. § 1. Dig. XX. 6. L'aliénation du gage par le premier créancier n'éteint *ipso jure* ni l'action hypothécaire des créanciers postérieurs ni celle du premier créancier lui-même, s'il n'est pas complètement désintéressé. Dans les deux cas, l'action hypothécaire est repoussée au moyen d'une exception : s'il s'agit du premier créancier, c'est l'exception tirée de la remise de l'hypothèque ou l'exception de dol ; s'il s'agit des créanciers postérieurs, c'est l'exception « *nisi ab eo res empta est, cui ante erat obligata* ».

CHAPITRE V

§ 1ᵉʳ — Dans quelle mesure les créanciers postérieurs peuvent-ils jouir des avantages du droit de préférence par hypothèque ?

Les créanciers postérieurs ont le *jus possidendi ;* ils peuvent se faire mettre en possession par l'action hypothécaire, mais leur situation est précaire, car ils peuvent être dépouillés par le créancier premier en rang. « *Si cum possessore creditor secundus agat, recte aget et adjudicari ei poterit hypotheca, ut tamen prior cum eo agendo auferat ei rem* » (L. 12. Dig. XX. 4). Ils ont le droit de vendre et aliéner ; mais l'aliénation qu'ils effectuent n'assure pas le droit de l'acquéreur qui pourra être évincé par le premier créancier (L. 1 Dig. XX. 5). Enfin, ils ont le droit de demander compte au premier créancier vendeur de l'excédent du prix sur sa créance (L. 12 § 5 Dig. XX. 4). Toutes ces solutions ont été données précédemment avec des développements qui nous dispensent d'y insister à nouveau (1) ; mais il était utile de les réunir pour montrer qu'elles se groupent autour d'une idée générale, d'un principe juridique fondamental, dont voici la formule : L'hypothèque confère à tout créancier, quel que soit son rang, le droit actuel d'intenter l'action hypothécaire contre tout tiers détenteur, de vendre et aliéner la chose pour se payer sur le prix. Ce droit, opposable à tous, est anéanti quand il vient contrarier les intérêts du premier créancier. Bien

(1) Voir plus haut pages 29, 38 et 57.

que, vis-à-vis des tiers, les créanciers postérieurs aient le droit de revendiquer la chose et de la vendre, les dispositions qu'ils ont pu se permettre sont non avenues à l'égard du premier créancier (2).

Ce principe a été contesté. Certains auteurs allemands ont soutenu que le créancier postérieur n'avait qu'un droit conditionnel, subordonné au paiement du premier créancier (3). Cette doctrine se fonde sur deux textes que nous allons analyser :

A. — Le premier est une loi d'Africain renommée pour sa difficulté (L. 9. § 3. Dig. XX. 4). Il paraît décisif. Deux créanciers, Titius, puis Mœvius, ont obtenu de Titia une hypothèque sur un bien d'autrui, qu'elle acquiert postérieurement. La débitrice aliène le bien hypothéqué (elle le constitue en dot à son mari avec estimation : ce qui équivaut à une aliénation complète en vertu du principe : *æstimatio facit venditionem)*. Africain dit que, malgré le désintéressement de Titius, l'hypothèque de Mœvius ne sera pas confirmée, parce que la chose n'est plus, à ce moment, dans le patrimoine de Titia : « *Si soluta sit pecunia Titio, non ideo magis Mœvii pignus convalescere placebat ; tunc enim, priore dimisso, sequentis confirmatur pignus, quum res in bonis debitoris inveniatur.* » La conclusion du texte est donc la suivante : quand deux hypothèques ont été constituées successivement sur un même bien, la seconde est conditionnelle ; son existence est subordonnée au désintéressement du premier créancier ; c'est à cette époque, c'est-à-dire lors de la réalisation de

---

(2) Maynz, *Cours de droit romain*, tome I, § 250. — Jourdan, *Hypothèque*, p. 658.

(3) Dernburg, *Das Pfandrecht*, c. II, § 160, *in principio*. — Sintenis, l c., § 68. — En notre sens, Maynz, *loc. cit.*, I, § 250. — Van Wetter, *Cours de droit romain*, I, § 116. — Wangerow, I, § 388. — Jourdan, *loc. cit.*, p. 657 et s.

la condition, que doivent se trouver réunis les éléments essentiels à sa validité ; et spécialement il faut que la chose soit *in dominio,* ou au moins *in bonis debitoris.*

Cette interprétation serait irréfutable, s'il s'agissait ici d'une hypothèque concédée à Titius et à Mœvius dans les conditions ordinaires ; mais Africain, remarquons-le bien, parle d'hypothèques consenties sur un bien d'autrui, et les principes sont bien différents. La convention par laquelle un débiteur concède une hypothèque sur un bien, qui ne lui appartient pas, est immédiatement et à jamais nulle : « *Serviana actio evidenter declarat, jure pignoris teneri non posse, nisi quæ obligantis in bonis fuerunt.* » (L. 6. Cod. VIII. 16). Elle ne peut être confirmée par cette circonstance, que le débiteur est devenu plus tard propriétaire de la chose hypothéquée ; en droit rigoureux, *ipso jure,* l'hypothèque ne vient pas frapper la chose le jour où elle entre dans son patrimoine ; mais le préteur adoucit la rigueur des principes en accordant au créancier une action hypothécaire utile : « *rem alienam pignori dedisti, deinde dominus rei ejus esse cœpisti ; datur utilis actio pignoratitia creditori* » (L. 41. Dig. XIII. 7). Papinien nous dit que cette concession sera pourtant accordée avec difficulté, si le créancier n'a pas ignoré que la chose était à autrui, « *difficilius creditori, qui non ignoravit alienum, utilis actio dabitur* » (L. 1 pr. Dig. XX. 1). Le préteur devait donc procéder à une enquête, et n'accorder l'action que *cognitâ causâ.* S'il y a deux créanciers, il ne la donnera à Secundus qu'à deux conditions : 1° si Primus a été désintéressé ; 2° si, à ce moment, la chose est « *in bonis debitoris* » ; c'est que le préteur ne veut accorder l'action utile que si elle est équitable, et elle ne le sera qu'après le paiement de la première créance.

Appliquons ces idées à notre espèce : Titia a engagé un bien d'autrui au profit de Titius et de Mœvius ; ni l'un ni l'autre n'ont acquis une hypothèque valable, parce que Titia n'était pas propriétaire ; Titia acquiert ensuite ce bien. Titius, créancier premier en date, pourrait demander l'action utile ; mais il est désintéressé. Mœvius pourra-t-il l'obtenir ? Nous savons que deux conditions sont exigées : 1° le désintéressement du premier créancier ; il a eu lieu dans l'espèce ; Titius a été payé ; 2° l'existence de la chose dans le patrimoine du débiteur ; cette seconde condition n'étant pas remplie vis-à-vis de Mœvius, le préteur lui refusera l'action utile.

Voilà le sens exact du texte. Nous voyons qu'il s'occupe d'une hypothèse toute spéciale, où ni le premier ni le second créancier n'ont une véritable hypothèque ; l'argument que la doctrine opposée veut en tirer n'a donc aucune valeur.

2° Toutefois, en vertu du principe de la liberté des conventions, il est permis de stipuler que la seconde hypothèque sera subordonnée à la condition du désintéressement du premier créancier. La loi 14 § 2 de Gaïus (Dig. XX. 1) ne dit pas autre chose, et c'est en vain qu'on l'invoque pour soutenir qu'en principe le créancier postérieur n'a qu'une hypothèque conditionnelle. Le jurisconsulte cite deux conventions un peu différentes qui aboutissent au même résultat ; le second créancier aura une hypothèque subordonnée au paiement du premier : 1° si le débiteur lui a expressément déclaré « *rem esse obligatam ut sit hypothecæ id quod pluris est, aut solidum, cum primo debito res liberata fuerit* », que l'hypothèque porte actuellement sur ce dont la chose excède la somme due en premier lieu, ou sur la totalité de la chose, *lorsqu'elle sera affranchie de la première dette* ; 2° s'il a

été simplement convenu que l'excédent serait hypothéqué.

En dehors de toute convention, l'hypothèque du créancier postérieur n'est donc pas conditionnelle, et notre formule est parfaitement exacte. Cependant, en pratique, il
sera assez rare qu'un créancier postérieur use des avantages du droit hypothécaire avant le désintéressement du
créancier préféré. Il n'osera pas se faire mettre en possession de la chose, parce qu'elle peut lui être enlevée par le
premier créancier; il n'osera pas vendre parce que la vente
l'exposerait à la garantie, puisque « *præstare debet se esse
potiorem cæteris creditoribus* ». En général, l'existence du
premier créancier lui aura été révélée par le débiteur
constituant, qui est tenu de l'avertir sous peine d'être
poursuivi et puni comme stellionnataire (voir loi 12 § 2 de
Galus, Dig. XX. 1). Il attendra donc que le premier créancier ait vendu et exercé son droit hypothécaire pour faire
sa réclamation et lui demander compte de l'excédent du
prix de vente sur sa créance. C'est en définitive à cet espoir de profiter éventuellement de *l'hyperocha,* que se
réduisent, en fait, les avantages des créanciers hypothécaires inférieurs.

§ 2. — Moyens pour les créanciers postérieurs de s'as-surer la plénitude des avantages du droit de préfé-rence par hypothèque.

Une telle garantie peut être efficace, si les créanciers
inférieurs exercent un contrôle sérieux sur les opérations
de la vente ; mais le premier créancier n'était pas tenu, en
droit romain, d'avertir les autres créanciers qu'il allait
mettre le gage en vente, et, de plus, il était absolument
libre de choisir, à son gré, le moment de l'aliénation. « A
cet égard, dit M. Maynz, les autres créanciers ne peuvent

exercer aucune pression sur lui ; il est le maître absolu
de choisir le moment qui lui paraît opportun pour procéder à la vente (1).» Cette liberté complète, ce pouvoir exorbitant, accordés au premier créancier, étaient la source de
dangers et d'abus fort regrettables. Deux cas pouvaient se
présenter.

A. — Le premier créancier pouvait consentir une aliénation précipitée. Peu lui importe en effet que la chose
hypothéquée se vende à un prix plus ou moins élevé,
pourvu que le paiement de sa créance soit assuré. Ce qu'il
veut, c'est que l'aliénation du gage produise une somme
égale au montant des sommes qui lui sont dues, puisque
leur remboursement intégral doit être effectué sur le prix
du gage, préférablement à toutes les autres dettes garanties par le même bien. On comprend donc très bien que
le créancier premier en rang se hâtera de vendre, dès
qu'il trouvera l'occasion de réaliser une somme suffisante
pour le désintéresser. Les circonstances sont peut-être
bien défavorables ; il s'agit d'un fonds de terre et une
crise économique quelconque, provoquée par une guerre
ou toute autre cause, a amené une grande dépréciation
des immeubles ; il s'agit d'un esclave, et l'augmentation
du nombre des esclaves, par suite d'une expédition heu-
reuse, a fait considérablement fléchir leur valeur vénale.
Dans ces cas, comme dans toutes les variations économiques produites par l'invariable loi de l'offre et de la demande, il ne faudrait peut-être que quelques jours d'at-
tente, pour que la hausse des biens engagés permît d'en
retirer un prix plus rémunérateur et de rembourser tout
ou partie des créances à la garantie desquelles ils ont été
affectés. Les créanciers postérieurs, si fortement intéres-

_____

(1) Mayne, *loc. cit.*, I, § 250. — L., 6 pr. et 12 pr. Dig., XIII, 7. —
L. 1, Cod. VIII, 45.

sés à ce que la chose atteigne son *maximum* de valeur, vont-ils pouvoir, au moyen d'une dénonciation,
sommer le premier créancier de différer une aliénation,
aussi inopportune ? Non, ils ne le peuvent pas : les textes
sont formels : « *Quo minus creditor, qui antea pignus accepit, distrahat, non offerendo priori debitum, interpellare
non possunt.* » (L. 3 Cod. VIII. 20.) Vont-ils au moins pouvoir s'adresser au débiteur et le prier de faire retarder la
vente ? Pas davantage ; car le débiteur est aussi impuissant
qu'eux en présence d'une situation aussi fâcheuse : « *Debitoris denuntiatio, qui creditori suo, ne sibi rem pignori
obligatam distrahat, denuntiat, ita demum efficax est, si
universum tam sortis quam usurarum offerat debitum creditori.* » (L. 2 Cod. VIII. 29). L'aliénation ne peut être
empêchée que par le désintéressement du premier créancier ; voilà ce qui résulte bien clairement de ces deux
textes. Le débiteur peut dégager sa chose en payant le
premier créancier, et, comme conséquence de cette libération, rendre la vente impossible ; les créanciers postérieurs
n'ont que la ressource du *jus offerendæ pecuniæ*. Mais si
ni le débiteur ni les créanciers postérieurs n'ont les capitaux suffisants à leur disposition, auraient-ils les meilleures
raisons d'espérer un changement prochain dans la valeur
du bien engagé, ils sont obligés de s'en remettre à la
loyauté du premier créancier ; leur dernière ressource
est de faire augmenter le prix de la vente par la concurrence des acheteurs, si toutefois ils sont avertis ; mais
nous savons que la publicité de la vente n'est pas exigée.

B. — A l'inverse, il peut se faire que le premier créancier
ne se presse pas de vendre. Il a entre ses mains un objet
d'une valeur bien supérieure au montant de sa créance,
et il est certain d'être, un jour ou l'autre, intégralement désintéressé. Soit indifférence, soit malignité, il attend,

incumbit pignori ; il laisse échapper d'excellentes occasions d'aliéner le gage et d'en retirer un prix très avantageux. Le débiteur ou les créanciers hypothécaires postérieurs pourront-ils argumenter de leurs intérêts méconnus, sacrifiés, pour l'obliger à vendre? Un jurisconsulte peu connu, Atilicinus, reconnaît ce droit au débiteur, mais son opinion n'a pas été suivie, comme cela résulte de la loi (6 Dig. XIII. 7), empruntée à un fragment de Pomponius qui la reproduit et la repousse. « *Atilicinus, ex causâ cogendum creditorem esse ad vendendum, dicit ;* » voilà la doctrine d'Atilicinus, mais le jurisconsulte ajoute : « *Quamvis convenerit, ut fundum pignoratitium tibi vendere liceret, nihilo magis cogendus es vendere, quia tuâ causâ id caveatur.... invitum enim creditorem cogi vendere satis inhumanum est.* » Il serait bien trop dur de forcer le créancier à vendre : telle est la justification donnée par Pomponius du système qu'il adopte, et qui était celui de la majorité des jurisconsultes. Le débiteur ne peut donc forcer le premier créancier à aliéner malgré lui (5) ; les créanciers postérieurs ne peuvent non plus lui imposer cette obligation (qualifiée *inhumana* par Pomponius) ; il y a là un *a fortiori* évident. Pour sortir de cette situation difficile, deux moyens leur sont offerts : 1° Le débiteur peut aliéner lui-même le gage, bien qu'il soit entre les mains du premier créancier : « *melius est dici*, dit Pomponius dans la loi 6 précitée, *eum qui dederit pignus posse vendere, et, acceptâ pecuniâ, solvere id quod debeatur* ». Ils n'ont qu'à s'entendre avec lui pour qu'il procède à la vente à la première occasion favorable, et les désintéresse sur le prix après le paiement du premier créancier; 2° le second moyen offert aux créanciers postérieurs est bien plus avantageux, parce qu'il n'exige pas le concours du débiteur,

(5) Vernet, *Théorie des obligations*, p. 91.

sur lequel il peut être souvent imprudent de compter ; c'est le *jus offerendæ pecuniæ*, qui leur permet de désintéresser Primus et de se mettre en son lieu et place pour exercer les avantages de la priorité hypothécaire. Ainsi ils pourront choisir le moment favorable à l'aliénation et obtenir le *maximum* de la valeur du gage (6).

De ce qui précède, il résulte que, dans tous les cas, le créancier postérieur, qui craint une aliénation consentie dans des circonstances défavorables, peut prévenir ce résultat par l'exercice du *jus offerendæ pecuniæ*. En offrant au premier créancier le paiement intégral de sa créance en principal et accessoires, il l'écartera définitivement et pourra, à son gré, attendre un moment opportun à la vente ou presser l'aliénation. Voilà pourquoi le *jus offerendi* est le droit caractéristique de la postériorité. Toutefois il ne faut rien exagérer. Il faut surtout se garder de croire que cette faculté, accordée au créancier postérieur, de désintéresser celui qui le prime, pour se mettre en son lieu et place, vienne enlever à sa situation le caractère précaire qui la distingue dans le système hypothécaire romain. Allant plus loin, nous pouvons ajouter que l'exercice de cette faculté est quelquefois périlleux. « La seule ressource du créancier primé, dit très justement M. Bonjean, est de désintéresser le créancier antérieur pour se mettre en sa place ; mais, d'une part, elle peut n'être qu'une perte nouvelle ajoutée à celle de sa créance primitive : en effet, après qu'il aura ainsi acheté chèrement le droit du créancier qui le primait, la survenance d'un créancier hypothécaire plus ancien encore, et qu'il ne connaissait pas, peut, d'un instant à l'autre, le priver de son gage ou lui imposer la nécessité de nouveaux sacrifices pour le conserver. » (*Traité des actions*, tome II, p. 193.)

(6) Van Wetter, *loc. cit.*, I, § 166.

CONCLUSION

De l'étude que nous venons de terminer il résulte que les Romains ont souvent confondu le droit de suite et le droit de préférence par hypothèque, pour n'en faire qu'un seul et même droit, ayant pour objet l'acquisition de la possession, et comme conséquence le *jus distrahendi*. Dans le système hypothécaire romain, le droit du premier créancier se produisait toujours sous la forme du droit à la possession, sanctionné par l'action quasi-servienne, tant à l'égard des créanciers hypothécaires inférieurs qu'à l'égard d'un tiers détenteur quelconque ; puis, ce créancier nanti procédait à l'aliénation, ou à l'exercice du *jus distrahendi*, qui, comme le *jus possidendi*, est susceptible d'être exercé par tous les créanciers hypothécaires, mais ne peut l'être dans toute son efficacité que par celui qui jouit des avantages de la priorité. Comme nous l'avons déjà dit (1), le droit de vendre et aliéner est, sans contredit, le plus précieux avantage de la priorité hypothécaire, lorsqu'il y a conflit entre les différents créanciers, qui ont la même garantie. Tout l'intérêt se portait de ce côté, et les contestations qui surgissaient entre ces créanciers au sujet de la distribution du prix de la vente n'étaient considérées que comme secondaires ; elles ne pouvaient d'ailleurs s'élever qu'après le prélèvement par le premier créancier des sommes qui lui étaient dues en principal et accessoires. « Voilà pourquoi, dit Bénech, la séparation entre le droit de suite et le droit de préférence n'est pas dans le droit romain fortement accentuée, d'autant que les conflits, qui ont lieu à raison de la priorité sur le prix, sont, comme ceux qui s'élèvent sur le droit à la possession du gage, des conflits individuels, de véritables combats judiciaires livrés en

(1) Voir plus haut, pages 37 et suivantes.

champ clos, n'ayant rien de collectif et d'analogue à notre
procédure d'ordre (2). »

Toutefois il faut se garder de l'exagération ; ce serait
une erreur de croire que la confusion des deux attributs
de l'hypothèque a été absolue. Il est certain, au contraire,
que les jurisconsultes romains eux-mêmes ont admis,
sans peut-être s'en rendre un compte bien exact, la
distinction fondamentale du droit de préférence et du
droit de suite. Nous en avons donné deux preuves bien
frappantes au cours de cette thèse : *a)* La première se trouve
dans la note 6 du chapitre premier. Après avoir observé
que le droit de préférence par hypothèque et le droit de
préférence résultant du contrat de *pignus* avaient même
nature, et que le premier n'était, en définitive, que l'a-
mélioration du second dans l'intérêt du crédit du débiteur, il nous a été facile de montrer que le droit de suite,
qui n'a fait son apparition dans le droit romain qu'avec
l'action hypothécaire, était historiquement bien postérieur
au droit de préférence, et en conséquence de conclure que
l'existence de ce dernier n'était pas entièrement liée à celle
du droit de suite. *b)* La seconde preuve résulte de la situation qui est faite aux créanciers postérieurs après l'aliénation du bien hypothéqué par le premier créancier (3).
Selon l'expression moderne, la vente a *purgé* la chose des
hypothèques qui la grevaient ; les créanciers postérieurs ont
perdu l'action quasi-servienne ; cependant leur droit hypothécaire n'est pas complètement évanoui. Il y a plutôt une
transformation de l'hypothèque, qui s'est transportée sur
le prix de la vente pour s'y exercer à l'état de droit de préférence, de sorte que nous avons une survie de ce droit

(2) Bénech, *Du Droit de préférence en matière de purge des hypothèques légales*, p. 18. — Bonjean, *Traité des actions*, tome II, p. 194. —
Van Wetter, *Cours de droit romain*, tome I, § 166.

3). Voir plus haut, pages 58 et suiv.

à l'action hypothécaire ou au droit de suite : « La survivance du droit de préférence, dit Bénech, sur le prix non absorbé par le créancier le plus ancien *(superfluum* ou *hyperocha)* à l'action quasi-servienne éteinte par la vente juridiquement faite, ne saurait être contestée ». (4)

A ces deux arguments qui, à notre avis, sont décisifs, nous pouvons en joindre un autre tiré de la matière des privilèges purement personnels (5). Sans doute, la rubrique de notre sujet ne concerne que le droit des hypothèques ou des privilèges réels *(hypothèques privilégiées)* ; mais nous avons surtout envisagé cette étude comme une préparation à celle du droit français qui s'étend aux privilèges tout aussi bien qu'aux hypothèques, en sorte que ce ne sera pas sortir du sujet que d'empiéter un peu sur la matière des *privilegia inter chirographarias actiones.* L'argument est tiré de l'effet de ces privilèges qui ne confèrent qu'un droit de préférence. Les créanciers, qui ont un *privilegium personale,* priment les créanciers chirographaires, mais le droit de suite leur est refusé. C'est là ce qui les caractérise, et ce qui est mis particulièrement en relief par la rubrique sous laquelle Blondeau fait l'énumération de ces privilèges, et qui est ainsi conçue : *Des privilèges qui ne donnent pas le droit de suite* (6). Ces privilèges sont généraux ; ils portent sur l'universalité des biens qui composent le patrimoine du débiteur. Quand un bien sort de la masse, le privilège disparaît ; le droit de suite ne vient pas apporter au droit de préférence un concours

(4) Bénech, *loc. cit.,* p. 18.

(5) Accarias, *Précis de droit romain,* I, § 290, p. 711. Le privilége consiste en un simple droit de préférence. Le débiteur garde donc la pleine disposition de ses biens (L. 3, Cod. VII, 8).

(6) Blondeau, *Chrestomathie,* article VI, § 1. Les Romains connaissaient deux sortes de privilèges : *(a)* les *privilegia inter chirographarias actiones* ou privilèges purement personnels, qui consistaient en un

bien souvent nécessaire ; l'aliénation ne peut être critiquée
que par l'action paulienne. C'est là une nouvelle preuve bien
convaincante de l'indépendance du droit de préférence.

Les développements qui précèdent peuvent se résumer
dans les quatre propositions suivantes :

1° Historiquement le droit de préférence est plus ancien
que le droit de suite (7) ;

2° Le droit romain a admis des privilèges attributifs
d'un simple droit de préférence sans droit de suite (8) ;

3° Si la distinction du droit de suite et du droit de préférence par hypothèque n'apparaît pas très nettement à
première vue dans le droit romain, elle y existe cependant
et la preuve décisive nous en est donnée par ce fait que
l'aliénation régulière, tout en paralysant l'exercice de
l'action hypothécaire, laisse subsister les questions de
préférence pour la distribution du prix qui n'est pas
entièrement épuisé par le premier créancier ;

4° De ces trois propositions résulte bien clairement la
démonstration au point de vue historique et théorique du
principe de la distinction du droit de préférence et du
droit de suite dans la législation romaine. C'est ce même
principe dont nous allons étudier les divers développements et les conséquences nombreuses dans le droit
ancien, intermédiaire et moderne.

simple droit de préférence opposable aux créanciers chirographaires
seuls ; (*b*) les *privilegia* joints à une hypothèque plus ou moins favorable
et qui sont plutôt connus sous le nom d'*hypothèques privilégiées*. La doctrine les appelle privilèges réels, parce qu'ils empruntent la réalité de
l'hypothèque à laquelle ils viennent s'ajouter : « *Eos qui acceperunt pignora*, dit Blondeau, *cum in rem actionem habeant, privilegiis omnibus,
quæ personalibus actionibus competunt, præferri constat* ».

(7) Blondeau, *loc. cit., Appendix* à l'art. VI, § I, p. 447.

(8) Van Wetter, *loc. cit.*, 1, § 155 et 156 combinés. — Schilling, traduction de Pellat, § 6, *Explication historique*, p. 29 et s. — Bénech, *loc.
cit.*, VII *bis*, p. 18.

DROIT FRANÇAIS

DISTINCTION ET INDÉPENDANCE

DU DROIT DE SUITE ET DU DROIT DE PRÉFÉRENCE

EN MATIÈRE DE PRIVILÉGES ET HYPOTHÈQUES

DIVISION

L'objet de l'étude que nous allons entreprendre a été suffisamment déterminé dans la préface pour qu'il soit inutile d'y insister en ce moment. Nous nous proposons d'approfondir le principe important de la séparation des deux attributs du privilège et de l'hypothèque, que nous avons vu se dégager de la jurisprudence romaine malgré l'imperfection manifeste du système hypothécaire qu'elle a organisé. A cet effet, nous avons cru devoir nous arrêter à la division suivante. Dans un premier chapitre nous rechercherons quel a été le développement de la distinction du droit de suite et du droit de préférence dans le droit ancien et le droit intermédiaire. En nous faisant assister à l'évolution des différentes institutions juridiques qui se sont succédé jusqu'à l'époque moderne, l'histoire du droit permet souvent d'apercevoir quelle a été la raison d'être des lois qui nous régissent et par suite quelle en est la portée exacte. Avec le deuxième chapitre com-

mencera l'étude du droit français actuellement en vigueur,
il sera consacré à l'examen des cas où le droit de préférence existe seul, indépendamment du droit de suite,
qui ne vient que très exceptionnellement lui servir d'auxiliaire. Le troisième chapitre contiendra le développemen-
des hypothèses fort intéressantes, dans lesquelles l'inter
prète est amené à reconnaître, avec ou sans discussion, la
survivance du droit de préférence au droit de suite. Enfin
dans notre conclusion nous aurons à nous demander si la
distinction du droit de préférence et du droit de suite entraîne comme conséquence la possibilité d'une survie du
droit de suite au droit de préférence.

CHAPITRE PREMIER

DÉVELOPPEMENT HISTORIQUE

SECTION Ire

Ancien droit Français.

§ 1er. — Règle : Meuble n'a pas de suite par hypothèque

A. *Pays de droit écrit.* —L'hypothèque des meubles produisait, en droit romain, les mêmes effets que l'hypothè-des immeubles ; elle conférait le droit de préférence et le droit de suite ; les jurisconsultes romains en donnaient a raison suivante : « *Rei cujusve alienatio cum sua causa fieri intelligitur.* » Dans les pays de droit écrit le prix des meubles était distribué par ordre d'hypothèque entre les créanciers (1); on avait donc conservé, en principe, l'hypothèque des meubles admise par le droit romain, mais le droit de suite avait été supprimé ; les créanciers hypothécaires n'avaient pas d'action contre les tiers acquéreurs, quand les meubles avaient été aliénés par le débiteur. «L'article 170 de la coutume de Paris, dit Argou (2), qui porte que les meubles n'ont pas de suite par hypothèque, est reçu dans tout le royaume». Voilà pourquoi les coutumes d'Anjou, du Maine et de Normandie, qui avaient adopté, comme

(1) Basnage, *Traité des hypothèques,* ch. IX. La proposition émise au texte n'était pas adoptée dans tous les pays de droit écrit. Dans le ressort du parlement de Toulouse (Catelan, tome I, liv. 6, ch. 28), et dans les pays de droit écrit qui étaient compris dans le ressort du parlement de Paris, on appliquait le principe: *Meubles ne sont pas susceptibles d'hypothèque* (Argou, *Institution au droit français,* tome II, liv. 4, ch. 3).

(2) Argou, *loc. cit.*

les pays de droit écrit, la collocation sur le prix des meubles par ordre d'hypothèque, rejetaient en même temps le droit de suite (3). Ce résultat est justifié par Basnage qui en donne les raisons suivantes : 1° Les meubles n'ont pas une assiette fixe et certaine comme les immeubles, ils sont destinés à circuler de main en main. Admettre le droit de suite en matière mobilière serait rendre cette circulation bien difficile, parce qu'un acheteur ne serait jamais en sûreté. 2° Le créancier pouvait se faire nantir du meuble qu'on lui engageait ; il doit subir les conséquences de sa négligence.

La première de ces raisons devait s'appliquer avec la même force aux privilèges mobiliers ; aussi ne conféraient-ils, en principe, qu'un droit de préférence ; les dettes privilégiées sont préférables à celles qui ne le sont point ; le privilège passe avant l'hypothèque, mais, pas plus que l'hypothèque, il ne donne le droit d'inquiéter les tiers acquéreurs. Il y a cependant des exceptions ; elles sont relatives aux privilèges du bailleur et du vendeur :

a) En principe le privilège du bailleur ne peut s'exercer que sur les meubles trouvés dans la maison ou dans la ferme ; mais si le locataire ou le fermier les a enlevés furtivement et à l'insu du propriétaire, ce dernier pourra en exiger la restitution, pour exercer sur le prix de leur vente son droit de préférence.

b) Dans l'hypothèse d'une vente mobilière, Basnage fait une distinction. Si la vente a eu lieu sans terme, la chose n'est réputée appartenir à l'acheteur qu'après le paiement du prix ; le vendeur resté propriétaire peut donc la suivre en quelques mains qu'elle passe ; il a l'action en revendi-

---

(3) Pocquet de Livonnière, *Règles de droit français*, liv. IV, ch. 4, n° XXXVI. — Basnage, *loc. cit.*, ch. IX. — Cout. d'Anjou, art. 421 ; du Maine, art. 436, et de Normandie, art. 593.

cation qui est l'action réelle par excellence et entraîne le droit de suite. « *Venditæ vero res et traditæ non aliter emptori adquiruntur, quam si is venditori pretium solverit.* » Si le vendeur a accordé un terme et que l'acheteur ait disposé de la chose vendue, il n'a pas le droit de suite, parce qu'ayant suivi la foi de l'acheteur, il l'a fait maître de la chose, de sorte qu'il a pu en disposer à son préjudice. « *Sed si is qui vendidit, fidem emptoris secutus est, dicendum est statim rem emptoris fieri* » (4). Sauf ces exceptions, le privilège sur les meubles est soumis comme l'hypothèque à la maxime : meuble n'a pas de suite par hypothèque.

B. *Droit commun coutumier.* — La jurisprudence des pays de droit écrit n'a pas été adoptée par le droit commun coutumier. Il rejette purement et simplement l'hypothèque des meubles. Pothier consacre cette doctrine dans son *Traité de la procédure civile* : « Les meubles, dans la coutume de Paris, art. 170, et dans celle d'Orléans, art. 447, ne sont pas susceptibles d'hypothèque ; c'est pourquoi les créanciers hypothécaires n'ont pas plus de droits que les créanciers chirographaires ; ils ne viennent point en ordre d'hypothèque comme en Normandie, dans quelques autres coutumes et les pays de droit écrit ; mais ce qui reste du prix après les privilégiés payés se distribue entre tous les autres créanciers au marc la livre de leurs créances (5). » L'hypothèque des meubles n'existe donc pas ; mais le droit commun coutumier admet le privilège mobilier, qui est la cause de préférence unique en cas de déconfiture du débiteur ; quand il reste des biens au débiteur pour satisfaire ses créanciers, c'est le premier saisis-

---

(4) Institutes de Justinien, § 41, *De rerum divisione.*

(5) Pothier, *Traité de la procédure civile,* ch. II, sect. II, art. VII, § 2.

sant qui l'emporte et est préféré aux autres sur les objets saisis (Art. 178 cout. de Paris et 447 cout. d'Orléans).

La saisie-arrêt et le privilège, voilà les deux causes de préférence sur les meubles, admises par le droit coutumier. Ni l'une ni l'autre ne confèrent le droit de suite; c'est ce qui résulte :

1° De la coutume de Paris, art. 170 : *Meubles n'ont pas de suite par hypothèque, quand ils sont hors de possession du débiteur.* « Dans cet article, dit Valette, la suite par hypothèque s'entend du droit général qui appartient au créancier sur les biens de son débiteur, *c'est-à-dire du droit d'exécution forcée sous toutes ses faces diverses,* telles que droit de saisie, de vente et de collocation, soit au marc le franc soit dans un certain ordre de préférence, suivant la qualité du titre et la nature des biens. Ainsi les biens sont-ils meubles, la collocation des créanciers s'opère au marc le franc sauf la préférence due au premier saisissant et aux privilèges (6). » Le sens des expressions *suite par hypothèque* ainsi précisé, l'article 170 peut être traduit : Meubles ne sont pas susceptibles d'exécution forcée, quand ils sont hors de possession du débiteur. En d'autres termes, les meubles aliénés ne peuvent être poursuivis contre les acquéreurs par un créancier saisissant ou privilégié.

2° De la coutume d'Orléans (art. 447) : *Meubles n'ont pas de suite par hypothèque, en manière que celui des créanciers, qui premier fait ses diligences par exécution ou arrest, est à préférer à tous créanciers postérieurs en diligence, supposé qu'ils fussent précédents en hypothèque, sinon qu'il y ait déconfiture ou privilège.* Trois propositions importantes se dégagent de cet article. *a)* L'hypothèque des meubles ne confère ni droit de suite ni droit de préférence ; en d'autres termes,

(6) Valette, *Traité des privilèges et hypothèques,* 1, § 129, p. 212.

elle est supprimée. *b*) La saisie-arrêt et le privilège sont les deux causes de préférence ; en cas de déconfiture, le privilège seul confère un droit de préférence. *c*) Le privilège ne donne pas le droit de suite ; en effet, la première partie de l'article s'applique aux privilèges ; c'est ce qui est indiqué par les anciens auteurs, notamment par Pothier, sur l'article 447 de la coutume.

Le droit commun coutumier repousse donc l'hypothèque des meubles, et applique aux privilèges mobiliers la maxime : Meuble n'a pas de suite par hypothèque. Toutefois, ceci n'est pas vrai d'une manière absolue, et certains privilèges jouissaient exceptionnellement du bénéfice d'un droit de suite.

Première exception. — Le bailleur pouvait non seulement empêcher le déplacement des objets qui garnissaient la maison ou la ferme, mais encore les y faire rentrer, lorsqu'ils avaient été déplacés sans son consentement (art. 171 de la cout. de Paris ; art. 415 de la cout. d'Orléans). La coutume d'Orléans accorde au locateur deux moyens : *a*) une action en rétablissement des objets enlevés, qui peut être intentée tant contre le locataire ou fermier qui les a déplacés que contre les tiers acquéreurs ou possesseurs, même de bonne foi (art. 419) ; *b*) la saisie des objets enlevés entre les mains du locataire ou d'un possesseur, même de bonne foi. « Le seigneur d'hôtel ou de rente foncière peut poursuivre les biens enlevés de son hôtel et iceux par lui, son procureur ou commis (un sergent appelé) prendre, saisir et enlever par exécution. » (Art. 415). Le droit de suite du locateur avait été limité par l'usage à un délai très court ; il pouvait être exercé pendant huit jours pour les maisons de ville et pendant quarante jours pour les métairies (Pothier, introduction au titre XIX, n° 46).

Seconde exception. — La coutume de Paris (art. 176)

fait la même distinction que celle de Normandie. Celui qui vend un meuble au comptant n'en perd la propriété qu'au moment du paiement du prix ; jusque-là il peut le revendiquer et le suivre dans quelques mains qu'il passe. « Qui vend aucune chose mobiliaire sans jour et sans terme, espérant être payé promptement, il peut sa chose poursuivre, en quelque lieu qu'elle soit transportée, pour être payé du prix qu'il l'a vendue. » (Laurière sur l'art. 176 de la coutume de Paris, et Des Mares, décision 195.)

§ 2. — Décrets forcés.

Le décret forcé est la vente, faite en justice, des biens saisis réellement sur le débiteur, pour en distribuer le prix aux créanciers qui se sont opposés. L'organisation et les effets très importants de cette vente ont été réglés principalement par l'édit des Criées, sous Henri II, en 1551 (7). L'article 13 de l'Édit dispose que le décret purge tous les droits réels, servitudes, rentes foncières, privilèges et hypothèques, et éteint le droit de propriété lui-même, si les titulaires de ces différents droits ne les conservent pas par une opposition faite en temps utile. Il y a trois oppositions principales, qui correspondent aux différents droits compromis par le décret ; *a*) l'opposition à fin de distraire, formée par celui qui se prétend propriétaire d'un bien compris dans la saisie ; *b*) l'opposition à fin de charge, formée par celui qui veut s'assurer contre l'adjudicataire un droit de servitude ou de rente foncière ; *c*) enfin l'opposition à fin de conserver, formée par les créanciers hypothécaires ou privilégiés qui veulent conserver le droit d'être colloqués dans la distribution du prix de la vente

(7) Pothier, Introduction au titre XXI de la Coutume d'Orléans. — De Héricourt, *De la vente des immeubles par décret.* — Merlin, *Répertoire de jurisprudence* au mot *Décret d'immeubles.* — L'édit de 1551 n'a été abrogé que par la loi du 11 brumaire an VII.

suivant l'ordre de leur hypothèque ou privilège (8). Il est à remarquer que cette dernière opposition ne porte que sur le droit de collocation ou de préférence, elle n'a pas pour objet de conserver le droit de suite ; en conséquence l'extinction de l'action en déclaration d'hypothèque est entraînée par le décret forcé. L'opposition à fin de conserver doit intervenir avant la levée du décret ; quand le décret forcé est scellé et levé, elle n'est plus possible ; ce décret a éteint les hypothèques et les privilèges des créanciers qui ont manqué à former leurs oppositions, même au point de vue du droit de préférence, et ils n'ont plus que le droit de recourir à la saisie-arrêt pour être payés en concours avec les simples créanciers chirographaires, sur ce qui restera du prix après le paiement des opposants. Cette déchéance est encourue par tous les créanciers non opposants, sans distinction. L'Église elle-même et les mineurs ne peuvent être restitués contre le défaut d'opposition. Mornac rapporte un arrêt du 17 mars 1588, par lequel on a débouté un mineur des lettres de restitution qu'il avait obtenues contre le défaut d'opposition de sa mère, qui était sa tutrice, au décret d'un bien qui lui était hypothéqué. De Héricourt signale une décision analogue rendue aux grands jours de Clermont contre un mineur dont le tuteur était insolvable, et il ajoute : « On ne peut rendre d'autre raison de cette jurisprudence qui paraît rigoureuse, sinon qu'il est de l'intérêt public que ceux qui ont acquis des biens sur la foi de la justice ne puissent être inquiétés sous quelque prétexte que ce soit, ni que ceux qui ont touché en conséquence d'un jugement ce qui leur était dû soient obligés plusieurs années après de rapporter ce qu'ils ont reçu. La loi qui déclare que toute hypothèque est purgée par le décret étant conçue en ter-

---

(8) Pothier, *loc. cit.*, § IX. — De Héricourt, *loc. cit.*, p. 141 et 326.

mes très généraux, et sans aucune exception, doit avoir lieu contre l'Église et contre les mineurs (9). »

De ce qui précède, il résulte que la déchéance du droit de suite et celle du droit de préférence n'avaient pas la même cause ; l'opposition, faite en temps utile, ne pouvait empêcher l'extinction du droit de suite, qui était la conséquence directe et inévitable du décret forcé ; mais elle avait pour effet la conservation du droit de préférence ou de collocation dont la déchéance ne pouvait être imposée aux créanciers vigilants sous peine de supprimer le régime hypothécaire tout entier. Il y avait donc une survivance du droit de préférence au droit de suite ; le droit de préférence, conservé par l'opposition au décret, s'exerçait dans l'ordre, qui est un jugement destiné à fixer le rang dans lequel les créanciers opposants doivent être payés sur les deniers provenant du prix du fond vendu. La survie du droit de préférence apparaissait surtout bien clairement dans les pays où la distribution du prix suivait l'adjudication ; un intervalle quelquefois assez long s'écoulait entre le décret forcé qui faisait disparaître le droit de suite et l'exercice dans l'ordre du droit de préférence conservé à l'aide de l'opposition. Dans quelques endroits, notamment dans le Parlement de Bordeaux, l'ordre pouvait avoir lieu avant l'adjudication, de sorte que le droit de préférence s'exerçait avant l'extinction du droit de suite. Cet usage avait un grand inconvénient ; car, comme les oppositions pouvaient avoir lieu, même dans ces pays, jusqu'à l'adjudication, il en résultait que, l'ordre fait avant le décret n'étant pas définitif, il fallait faire un nouvel ordre ou réformer le premier, si de nouvelles oppositions s'étaient produites entre l'ordre et la délivrance du décret. Le second ordre suivait nécessairement le décret et on y

(9) De Héricourt, *loc. cit.*, ch. IX, nº XIX, p. 156.

voyait le droit de préférence survivre au droit de suite aussi clairement que dans l'ordre unique du Parlement de Paris.

Telle était la jurisprudence de la plupart des pays ; les créanciers ne pouvaient prévenir l'extinction du droit de suite, mais ils pouvaient empêcher l'extinction du droit de préférence au moyen d'une opposition. Cette législation, fondée sur l'Édit des Criées de 1551, n'était pas suivie dans certaines provinces ; l'Édit n'avait pas force de loi dans la province d'Artois et dans le ressort du Parlement de Douai, où il n'avait pas été enregistré. Dans ces pays, il n'était même pas nécessaire que le créancier fît opposition pour conserver le droit de préférence. Le Conseil d'Artois a décidé par deux actes de notoriété du 21 avril 1684 et du 15 mai 1691 qu'il pouvait demander d'être colloqué à son rang après le décret scellé et levé. Le droit de collocation subsistait même après la clôture et la distribution du prix ; il ne s'éteignait que par le paiement ou la prescription de la créance. Jusque-là le créancier hypothécaire ou privilégié pouvait faire redresser l'ordre et exiger des créanciers colloqués la restitution de ce qu'ils avaient reçu à son préjudice. Cet usage fut confirmé par un arrêt du Parlement de Paris de 1716. Le Parlement de Flandre admet la même solution par un arrêt du 20 février 1879 ; il déclare que l'opposition du créancier n'est pas nécessaire à la conservation du droit de préférence, et ordonne le redressement d'un ordre qui avait eu lieu au détriment d'un créancier non opposant (10).

(10) De Héricourt, *loc. cit.*, ch. IX, n° V et VI. Cet auteur nous donne l'énumération des Coutumes dans lesquelles l'édit des criées n'avait pas force de loi. Ce sont les Coutumes de Normandie, d'Artois, d'Anjou et du Maine. Voir aussi Merlin, *Répertoire*, au mot *Opposition aux criées*, § 2 et 3.

§ 3. — Décrets volontaires (11).

Lorsqu'un acquéreur redoute les poursuites de créanciers hypothécaires ou privilégiés, il stipule dans le contrat de vente qu'il pourra faire procéder à un décret volontaire, et ne sera dans l'obligation de payer le prix
qu'après que le décret aura été scellé et levé sans opposition. On appelle décret volontaire, celui qui intervient après
une saisie réelle que l'acquéreur fait pratiquer sur lui de
l'héritage qu'il a acquis, dans le but de purger les priviléges et hypothèques qui le grevaient. L'acheteur se cons-
tituait débiteur fictif d'un ami, qui le déchargeait de son
obligation par une contre-lettre. Le créancier fictif lui
faisait commandement d'avoir à acquitter sa dette, et, sur
son refus, faisait procéder à la saisie de l'immeuble vendu.
Il fallait observer pour le décret volontaire toute la série
des formalités exigées en matière de décret forcé, depuis
le commandement jusqu'à l'adjudication ; c'est qu'en effet
le décret volontaire avait été organisé sur le modèle du décret forcé dans le but de mettre l'acquéreur d'un immeuble à l'abri des évictions qui pouvaient avoir leur cause
dans les privilèges et hypothèques consentis par le précédent propriétaire. Nous allons fixer seulement notre
attention sur les effets du décret volontaire en ce qui
touche le droit de suite et le droit de préférence.

A. *Droit de suite.* — Le décret volontaire n'est pas une
vente aux enchères fictive, destinée purement et simplement à confirmer le prix de vente stipulé dans le contrat.
Les créanciers privilégiés ou hypothécaires, qui croient ne
pas pouvoir être payés, peuvent surenchérir, s'ils pensent
que le prix convenu entre les parties n'est pas assez

---

(11) Pothier, *Int. tit.,* XXI. Cout. d'Orléans, XXI. — De Héricourt,
ch. XV, p. 356. — Merlin, *Rép.*, au mot *Décret d'immeubles,* § 2.

élevé (12): c'est par la surenchère qu'ils exercent leur droit de suite. Mais quand la délivrance du décret a eu lieu, que les créanciers aient ou non provoqué l'enchère, le prix est fixé, et l'adjudicataire définitif, qui est le plus souvent l'acquéreur lui-même, n'a plus à redouter l'exercice de l'action hypothécaire. L'immeuble est libéré : le droit de suite a disparu.

B. *Droit de préférence.* — Le décret volontaire, comme le décret forcé, peut entraîner l'extinction du droit de préférence ; mais tel n'est pas son effet direct et normal. C'est le défaut d'opposition en temps utile, qui amène la déchéance de ce droit ; elle est une sorte de pénalité attachée à la négligence et à l'inaction des créanciers hypothécaires ou privilégiés. *Jura vigilantibus subveniunt,* dit la maxime romaine ; nous traduisons dans notre matière : Pour conserver le droit de préférence, qui a survécu au décret volontaire et au droit de suite, il faut être diligent ; l'opposition seule permettra au créancier d'en réclamer utilement le bénéfice dans l'ordre, si le privilège ou l'hypothèque lui confèrent un bon rang. Ainsi nous lisons dans Pothier (13) : « En adhérant par une opposition à la saisie réelle qui a été faite, c'est le droit d'hypothèque que j'ai dans le bien que j'exerce et que je poursuis. La somme pour laquelle je suis utilement colloqué dans l'ordre, en même temps qu'elle est la somme qui m'est personnellement due, est aussi le prix de mon droit d'hypothèque, et c'est en tant qu'elle est le prix de mon hypothèque que je suis colloqué dans l'ordre. » Cette transformation du droit d'hypothèque en un droit de collocation ou de préférence sur le prix est encore mieux indiquée par Bourjon : « A l'aide de l'opposition, l'hypothèque subsiste sur le prix

---

(12) Pothier, *loc. cit.,* § XXI, n° 173.

(13) Pothier, *loc. cit.,* § XVII, Du sous-ordre, n° 142.

de l'adjudication, qui est à leur égard (des créanciers) représentatif de l'héritage (14). » On ne peut exprimer plus nettement cette idée que l'hypothèque, dépouillée de son droit de suite, se détache de l'immeuble pour se produire comme droit de préférence sur le prix qui le représente.

En somme, le décret volontaire n'a qu'un effet immédiat et nécessaire, qui est l'extinction de l'action en déclaration d'hypothèque ou du droit de suite ; ce résultat, la loi le désigne sous le nom de *purge* (15). Cette expression caractéristique traduit exactement la situation d'un acquéreur qui, désormais, ne peut plus être inquiété par les créanciers hypothécaires ou privilégiés. *La purge n'a lieu que dans l'intérêt de l'acquéreur ;* elle confirme son acquisition, éloigne de lui les dangers de l'éviction ; mais c'est tout. Elle est étrangère aux rapports des créanciers entre eux ; elle n'influe pas directement, nécessairement, sur les droits de préférence qu'ils peuvent invoquer ; la perte de ces droits résulte du défaut d'opposition des créanciers. Cet effet de la purge est parfaitement indiqué par le savant jurisconsulte belge P. Stockmans dans la 113me de ses décisions brabantines (16). Cet auteur compare tout d'abord la faculté de purger, *la purgatio civilis*, au bénéfice *de l'appropriance* ou *de l'appropriement* en usage surtout dans la province de Bretagne, et il détermine les effets de ces

(14) Bourjon, *Droit commun de la France*, tome II, p. 585.

(15) Le mot *purge*, dont l'étymologie est sans doute *purum agere*, se trouve dans l'art. 84 de la Coutume de Paris, dans l'art. 1er ch. XIII, Cout. de Lille. A partir du XVIe siècle, les jurisconsultes français l'appliquent indistinctement pour désigner l'effet des décrets volontaires et des décrets forcés.

(16) Les œuvres complètes du célèbre professeur belge P. Stockmans forment quatre volumes ; les deux premiers sont consacrés à ses décisions brabantines *(Decisiones Brabantiæ)*. La décision n° 113 se trouve dans le tome II, p. 381.

deux institutions analogues dans les termes suivants :
« *Scopus utriusque remedii sine dubio est, securitate
omnimodo tutos reddere fundorum emptores, ut, peractis
solemnibus et elapsis legitimis dilationibus, nullam moles-
tiam, nullam actionem, nullam inquietudinem formidare
debeant.* » Dans la même décision et quelques lignes plus
loin, Soetkmans insiste encore sur ce caractère de la purge,
tel qu'il résulte d'un édit de 1611 : « *Edictum principis,*
dit-il, *præstare voluit ementibus plenam securitatem,
omni metu et periculo liberos esse : hæc mens est legislato-
ris.* » Ces citations sont d'autant plus importantes qu'elles
sont empruntées à un jurisconsulte du pays où la purge a
fait son apparition. La purge, dit Merlin, est un terme
employé dans la Belgique pour désigner une formalité,
qui équivaut à ce qu'on appelle en France décret volontaire et dans la coutume de Bretagne *appropriance* (17).
Elle fut organisée d'une façon assez complète par l'édit
perpétuel des archiducs Albert et Isabelle (voir art. 36 de
cet édit rendu en 1611).

L'objet de la purge est donc clairement indiqué par les
textes précités ; elle a pour but l'intérêt du tiers acquéreur,
et n'éteint que le droit de suite (18). Le premier essai d'organisation de la purge en France a été le décret volontaire ;
mais il était long et dispendieux ; ces deux inconvénients
soulevèrent des *réclamations* très vives qui aboutirent
à la création des lettres de ratification.

---

(17) Merlin, *Répertoire*, au mot *Purge des hypothèques.*

(18) Pothier, Int. au tit. XX, Cout. d'Orléans ; Basnage, *Traité des
hypothèques*, ch. XVII ; Domat, *Lois civiles*, liv. III, sect. VII, Des hypothèques. Ces auteurs, pour se conformer à la doctrine en vertu de laquelle
la purge n'éteint que le droit de suite, ne l'ont pas rangée parmi les
modes d'extinction de l'hypothèque.

§ 4. — Lettres de ratification. — Édit de 1771 (19).

Notre ancien droit a connu deux espèces de lettres de
ratification : 1° celles qui étaient délivrées à la grande
chancellerie pour purger les privilèges et hypothèques,
dont étaient grevées les rentes constituées sur les domaines du roi ou sur la ville de Paris ; 2° celles que les
acquéreurs obtenaient dans les chancelleries établies près
les tribunaux inférieurs pour purger les privilèges et hypothèques qui affectaient les héritages acquis. L'usage des
premières fut introduit en France par un édit de mars 1673 ;
les motifs de cette innovation sont donnés par le préambule : « Les plaintes, dit Louis XIV, que nous recevons de
nos sujets, que les rentes constituées sur les domaines
royaux sont hors de tout commerce à cause de la difficulté
qu'il y a de les acquérir avec sûreté sans les formalités
d'un décret qui ne peut se faire qu'avec de très grands
frais, nous ont décidé à faire rechercher tous les moyens
de remédier à ces inconvénients... A ces causes, voulons
et il nous plaît que, pour conserver à l'avenir les hypothèques sur les rentes, les créanciers soient tenus de former leurs oppositions entre les mains des conservateurs
des hypothèques, lesquelles oppositions conserveront leur
valeur pendant une année, sans autres diligences (20). »
C'était donc pour se soustraire aux formalités dispen-
dieuses des décrets volontaires que les lettres de ratification
avaient été créées ; il en résulta une grande simplification,
dont les avantages considérables amenèrent une réaction

(19) Grenier, *Commentaire sur l'édit de 1771.* — Merlin, *Répertoire,* au
mot *Lettres de ratification.*

(20) Grenier, *loc. cit.,* p. 542 : *Extrait de l'édit du mois de mars 1673
pour la conservation des hypothèques sur les tailles et autres revenus de
Sa Majesté.*

encore plus forte contre le système des décrets. Ce fut
l'important édit du mois de juin 1771, qui généralisa
le principe posé par celui de 1673 et appliqua à tous les
immeubles réels ou fictifs le régime des lettres de ratification. Avec l'usage de ces nouvelles lettres disparaît définitivement le régime vicieux des décrets volontaires, formellement abrogé par l'édit (art. 37) ; le préambule nous
donne les raisons de cette abrogation : « L'attention, dit
Louis XV, que nous avons de pourvoir à la conservation de
la fortune de nos sujets, nous a porté à rechercher les
moyens les plus convenables pour assurer la propriété de
chacun d'eux et prévenir les troubles et évictions qui résultent de l'omission de formalités longues et embarras-
santes, auxquelles les décrets volontaires étaient assu-
jettis... Nous avons cru ne pouvoir prendre pour cet effet
de meilleur modèle que l'établissement des conservateurs
des hypothèques en matière de rentes, tailles, etc.., dont
le public retire une utilité que le temps et l'expérience
ne font que rendre plus sensible (21). » Nous allons, après
une analyse rapide du nouveau système de purge, rechercher quelle influence il a exercée sur le droit de suite et
le droit de préférence.

L'édit établit dans les bailliages ou sénéchaussées une
chancellerie à l'effet de sceller les lettres de ratification,
et des conservateurs chargés de leur expédition. L'art. 6
oblige tous tiers acquéreurs, qui veulent purger les immeubles grevés, à demander des lettres de ratification, qui
seront expédiées et scellées, pour les immeubles réels, dans
les chancelleries des bailliages ou sénéchaussées de la situation des immeubles, et pour les immeubles fictifs dans
les chancelleries des bailliages ou sénéchaussées des domi-
ciles des vendeurs. Toutefois l'acquéreur, avant le sceau

(21) Grenier, *loc. cit.*, p. 1 et s.

des lettres de ratification, doit déposer au greffe le contrat de vente, dont extrait sera affiché par le greffier dans l'auditoire du bailliage ou de la sénéchaussée. L'exposition dure deux mois, pendant lesquels aucune lettre ne peut être expédiée. Passé ce délai, les lettres de ratification sont valablement obtenues et produisent des effets fort importants, au point de vue des rapports du droit de préférence et du droit de suite.

A. *Droit de suite.* — Les lettres de ratification ont été imaginées pour consolider le droit de propriété de l'acquéreur sans l'intervention de la procédure compliquée des décrets ; elles ont donc pour premier effet l'extinction du droit de suite ; cela résulte formellement de l'art. 7 de l'édit : « Les lettres purgeront les privilèges et hypothèques à l'égard de tous les créanciers des vendeurs, qui auront négligé de faire leur opposition dans la forme et le délai prescrits ci-après ; et les acquéreurs des immeubles qui auront pris de semblables lettres *en demeureront propriétaires incommutables* sans être tenus des dettes des précédents propriétaires, en quelque sorte, et sous quelque prétexte que ce soit. » Voilà donc un point essentiel ; les créanciers perdent par la délivrance des lettres de ratification tout droit d'inquiéter l'acheteur. Est-ce à dire qu'en présence d'un contrat de vente et d'une demande de lettres de ratification formée par l'acquéreur, ils soient réduits au silence et forcés d'accepter le prix convenu entre les parties? Non ; le créancier, jusqu'au sceau des lettres, peut exercer son droit de suite à l'aide de la faculté d'enchérir, qui empêchera toute collusion entre le vendeur et l'acquéreur sur la fixation du prix de vente. A cet effet, il jouit du délai de deux mois, pendant lequel a lieu, suivant l'art. 8 de l'édit, l'exposition du contrat dans l'auditoire du bailliage. « Pourra pendant lesdits deux mois tout créancier légitime du vendeur se présenter au greffe pour y faire recevoir une soumission d'augmenter le prix de la vente d'un dixième au moins du prix principal, et, dans le cas de surenchère par un autre créancier, du vingtième en sus du prix principal par chaque surenchérisseur.... Sera loisible à l'acquéreur de conserver l'objet vendu en parfournissant le plus haut prix auquel il aura été porté. » (Art. 9.) La faculté d'enchérir ne peut être exercée que par les créanciers qui ont, au préalable, conservé leurs droits par une opposition. — Elle modifie les conditions de la délivrance des lettres de ratification : si l'un des créanciers opposants est adjudicataire, les lettres sont délivrées à son nom, car il est subrogé dans les droits du premier acquéreur ; si ce dernier a parfourni, les lettres confirment son acquisition, mais sous une nouvelle condition : il est tenu de consigner avec le prix de vente le montant des enchères. Mais l'enchère ne modifie, en aucune façon, l'effet propre des lettres de ratification, qui est d'anéantir le droit de suite, et de dépouiller les créanciers, sans distinction, de l'action en déclaration d'hypothèque. Elles purgent les privilèges et hypothèques, les détachent du fonds, et *convertissent* les droits des créanciers en actions sur le prix.

B. *Droit de préférence.* — Pour que les lettres de ratification opèrent cette *conversion* du droit hypothécaire en un droit sur le prix, il faut que le créancier ait formé son opposition en temps utile. Sous le régime de l'édit de 1771, comme sous celui des décrets volontaires, la purge a toujours même nature ; elle est également établie dans l'intérêt de l'acquéreur et destinée à amener la déchéance de l'action hypothécaire à son profit ; mais elle peut aussi entraîner la perte du droit de préférence si le créancier n'est pas actif, s'il ne songe pas à conserver ses droits au moyen d'une opposition. Le défaut d'opposition cause l'extinction du droit de préférence à l'égard de tous les créanciers indistinctement : « Toutes personnes de quelque qualité qu'elles soient, même les mineurs, les interdits et les femmes mariées, doivent former opposition sous peine de déchéance de leurs hypothèques, sauf le recours de droit contre les tuteurs ou administrateurs négligents. » (Art. 17).

Les motifs de cette déchéance sont d'abord des motifs d'intérêt général ; il fallait donner aux acquéreurs un moyen de libérer les immeubles des charges hypothécaires qui les grèvent, sous peine d'en entraver la circulation ; mais il existe une autre raison, c'est que les créanciers hypothécaires et privilégiés sont intéressés à connaître le nombre des créanciers qui ont un rang supérieur au leur pour savoir s'ils doivent exercer ou non la faculté d'enchérir. « Il s'élève, dit Grenier, une raison puissante pour exiger l'opposition aux lettres de ratification, c'est qu'il est infiniment intéressant que les créanciers connaissent quels sont ceux qui prétendent droit au prix, parce que c'est cette connaissance qui dirige les créanciers pour savoir s'ils doivent enchérir ou non. » (*Commentaire sur l'édit*, p. 231). L'opposition est donc nécessaire pour conserver le droit de préférence, qui subsiste seul et survit au droit de suite jusqu'au moment où il vient s'exercer dans l'ordre, conformément aux dispositions de l'article 19 de l'édit ; entre les créanciers opposants, les privilégiés seront les premiers payés sur le prix des acquisitions ; après les créanciers privilégiés on colloquera les créanciers hypothécaires suivant l'ordre et le rang des hypothèques ; et s'il y a un excédent de deniers, la distribution sera faite par contribution entre les créanciers privilégiés ou hypothécaires qui n'ont pas formé opposition.

En résumé, si les créanciers ne pouvaient empêcher l'extinction du droit de suite après le sceau des lettres de ratification, ils pouvaient sauvegarder leur droit de préférence en conservant leurs privilèges ou hypothèques par une opposition régulièrement faite. Les créanciers opposants seuls étaient admis dans l'ordre suivant la maxime empruntée à Dumoulin : *Qui se non opponit excluditur* Dans certains pays exceptionnels, le défaut d'opposition n'entraînait pas la déchéance de la préférence sur le prix ; l'ordre pouvait comprendre alors des créanciers non opposants. Il en était ainsi en Artois, où les créanciers pouvaient demander le paiement suivant leur rang d'hypothèque ou de privilège, bien qu'ils n'eussent pas fait d'opposition. Les demandes en rapport étaient aussi admises dans le ressort du parlement de Flandre.

§ 5. — Résumé.

L'étude de l'ancienne jurisprudence conduit aux deux propositions fort remarquables que voici :

1° Il résulte jusqu'à l'évidence de la règle *meubles n'ont pas de suite par hypothèque* que le droit de préférence est indépendant du droit de suite et peut parfaitement se passer de lui. Ce qu'il y a d'essentiel dans le privilège et l'hypothèque, c'est le droit de préférence. Le droit de suite en est, sans doute, un attribut naturel très important, mais il n'est pas de leur essence ; il est l'auxiliaire le plus utile du droit de préférence, rien de plus.

2° Cette indépendance du droit de préférence, que nous avons déjà constatée au milieu des graves imperfections du système hypothécaire romain, s'est notablement accentuée dans le droit de notre ancienne France. Son développement est dû principalement à l'organisation de deux institutions aujourd'hui fondamentales, mais complètement inconnues des jurisconsultes romains. Ces deux institutions sont la *purge* et l'*ordre*.

La procédure de purge, dont nous avons étudié l'origine et les progrès, a pour but et pour résultat de libérer l'immeuble des charges hypothécaires qui le grevaient entre les mains de l'acquéreur et de transformer le droit réel de privilège ou hypothèque en un droit qui ne porte plus que sur le prix.

La distribution de ce prix, définitivement fixée par la purge, a lieu au moyen de la procédure d'ordre. « L'ordre, dit de Héricourt, est un jugement qui fixe le rang dans lequel les créanciers qui ont formé opposition doivent être payés sur les deniers provenant du prix du fonds vendu suivant l'ordre des privilèges et hypothèques (22). » Cette procédure était organisée de différentes manières suivant les diverses coutumes ; nous n'y insisterons pas.

A ces deux procédures bien distinctes correspond l'exercice des deux droits, non moins distincts, qui sont la base du système hypothécaire. Le droit de suite, qui concerne les rapports des créanciers et du tiers acquéreur, se manifeste, s'exerce et s'épuise dans la procédure de purge. Le droit de préférence, qui intéresse les créanciers dans leurs rapports respectifs, se manifeste, s'exerce et s'épuise dans la procédure d'ordre, à la condition pourtant d'avoir été conservé par une opposition. Ces deux effets ou ces deux droits, qui s'exercent à des époques bien différentes, sont donc bien distincts ; leur séparation est évidente. Quand l'immeuble hypothéqué est dégrevé par la purge, l'hypothèque n'est pas éteinte ; elle a subi une transformation ; elle portait sur l'immeuble, elle ne porte plus que sur le prix ; mais elle a survécu. L'extinction du droit de suite

_____

(22). De Héricourt, *Vente des immeubles*, ch. XI.

n'entraîne pas l'extinction du droit de préférence : La survivance de ce dernier est la preuve certaine de son indépendance.

Tels sont les principes qui, selon nous, se dégagent du droit ancien ; ils ne se modifieront pas dans le droit intermédiaire et le droit moderne. Si des changements nombreux sont venus simplifier et améliorer les procédures de l'ordre et de la purge, l'idée fondamentale de la distinction des deux attributs de l'hypothèque est toujours restée la même, et cette persistance n'est pas un des points les moins intéressants de notre sujet.

SECTION II.

Législation intermédiaire.

§ 1er. — Décret-loi du 9 messidor an III (23).

L'art. 276 de ce décret abroge formellement les lois, coutumes et usages antérieurement observés, et réalise l'unité de législation dans la matière des privilèges et hypothèques. La rubrique du chapitre III est ainsi conçue : *Cessation de l'ancien régime des hypothèques.*

La Convention dispose que les meubles ne sont pas susceptibles d'hypothèque, sans préjudice toutefois du droit de suite pour cause de revendication (art. 6) ; elle consacre donc l'ancien droit commun coutumier contenu dans les art. 170-171 de la coutume de Paris et dans les art. 447-415-416 de la coutume d'Orléans. Cette consécration était surtout utile parce que le projet présenté à l'Assemblée constituante en 1791 par les comités de contribu-

(23) Duvergier, *Collection des lois et décrets.*

tion et de constitution revenait à l'esprit des lois romaines, conservé dans les pays de droit écrit, en permettant d'acquérir sur les meubles et effets mobiliers une hypothèque, conférant le droit de préférence ou de collocation dans la distribution du prix, sans droit de suite (24).

En matière hypothécaire, la Convention établit le principe absolu de la publicité des hypothèques, admis dans une certaine mesure dans les pays de saisine et nantissement, et que l'ordonnance de Louis XIV, inspirée par Colber en 1673, avait essayé de généraliser (25). L'inscription devient une condition essentielle de l'hypothèque ; celle-ci, dit l'art. 19-2°, n'est acquise définitivement que par la formalité de l'inscription faite par le conservateur, lequel est tenu d'en donner *récépissé* au créancier. — Une innovation aussi importante que l'inscription, mais qui ne dura pas, fut la création des *cédules hypothécaires,* destinées à obtenir la mobilisation complète du sol. C'est le système de l'hypothèque sur soi-même. Tout propriétaire pouvait prendre hypothèque sur ses propres biens au moyen de cédules valables pour un temps déterminé et qui ne pouvait excéder 10 ans (26). L'immeuble pouvait être grevé jusqu'à concurrence des trois quarts de sa valeur capitale ou du prix vénal désigné dans la cédule. La cédule hypothécaire était transmissible par la voie de l'endossement (art. 9, 16, 17, 19, 24 et 26). Il y avait donc deux classes d'hypothèques qui pouvaient affecter le

(24) Laferrière, *Revue de droit français et étranger*, année 1848. *Essai sur la réforme hypothécaire et le développement du crédit foncier,* page. 666, note 2. — Merlin, *Répertoire de jurisprudence,* au mot *Hypothèques* § 2.

(25) Laferrière, *loc. cit.*, p. 664, note 2.

(26) Laferrière, *loc. cit.*, p. 667.

même immeuble : 1° les hypothèques ordinaires, inscrites par les créanciers qui les avaient régulièrement obtenues ; 2° les hypothèques obtenues et transmises par le débiteur au moyen des cédules hypothécaires.

Pour purger ces hypothèques, le décret de messidor avait créé un système très onéreux. L'acquéreur, qui voulait devenir propriétaire incommutable de l'immeuble grevé, devait remplir les conditions suivantes : 1° Notifier et déposer expédition de son contrat dans le mois de sa date au bureau de la conservation des hypothèques dans l'arrondissement duquel le bien était situé ; 2° payer, dans le cours du mois suivant, toutes les créances hypothécaires et cédules du fait de son auteur ayant une date antérieure, ou déposer leur montant à la caisse du receveur du district en présence du conservateur ou lui dûment appelé ; 3° faire l'avance de la radiation des inscriptions ou cédules, sauf son recours (art. 105). Tant que la première condition n'était pas remplie, les hypothèques étaient valablement consenties par le vendeur sur l'immeuble vendu (art. 106) ; faute des deux autres, l'acquéreur n'était pas présumé propriétaire de la chose hypothéquée à l'égard des créanciers hypothécaires, qui avaient le droit, nonobstant son contrat et la notification d'icelui, d'en poursuivre la vente dans les formes prescrites pour l'expropriation forcée (art. 107). L'expropriation forcée était alors suivie d'une adjudication dont l'effet, indiqué par l'art. 149 du décret, était de purger les hypothèques dans l'intérêt de l'acquéreur, nonobstant toutes revendications ou oppositions à fin de distraire, qui étaient converties de plein droit en actions sur le prix. Cette conversion était l'objet de la purge, qui laissait subsister le droit de préférence ou de collocation. Tel était certainement le système de la loi de messidor, qui ne mentionnait pas la purge parmi les causes extinctives des

hypothèques, causes qu'elle énumère pourtant de la manière la plus scrupuleuse (27).

Le ch. VI du décret organisait la procédure d'ordre dans
laquelle devait s'exercer le droit de préférence qui avait
survécu à l'action hypothécaire des créanciers. Les art. 167
et 169 prononçaient la déchéance contre les créanciers qui
ne remettaient pas leurs titres de créances en temps utile
au juge de paix du canton où l'adjudication avait eu lieu et
devant lequel se poursuivait la procédure; *b*) contre les
créanciers qui, tout en ayant remis les titres dans le délai
légal, n'avaient pas contesté le classement d'hypothèques
dans un rang qui leur était préférable.

§ 2. — Lois du 11 brumaire an VII.

Deux lois votées le même jour régissaient la France au
moment de la rédaction du Code civil. La première était
intitulée *loi sur le régime hypothécaire;* la seconde portait pour rubrique, *loi sur l'expropriation forcée et l'ordre.*
Ces deux lois, discutées pendant dix-huit mois dans les comités des deux Conseils législatifs du Directoire, trois fois
rejetées pour des négligences de rédaction, furent enfin
adoptées par le Conseil des anciens après un débat solen-
nel dans les deux Conseils, suivi des deux lectures cons-
titutionnelles.

A. *Loi sur le régime hypothécaire* (28). — Cette première loi, comme celle du 9 messidor an III, rejette l'hypothèque des meubles. Sont seuls susceptibles d'hypothèque,
dit l'art. 6-1°, les biens territoriaux transmissibles, ensemble leurs accessoires inhérents; 2° l'usufruit, ainsi que

(27) Bénech, *Droit de préférence en matière de purge des hypothèques
légales,* p. 67.

(28) Duvergier, *Recueil des lois,* tome XI, p. 16 et suiv. — Dalloz,
Répertoire, n° 2008. —Bénech, *loc. cit.,* p. 69.

la jouissance à titre d'emphytéose des mêmes biens.

Quant aux immeubles, elle maintient le principe de la publicité absolue (29) proclamé par la-loi de messidor, et ne fait aucune exception pour les hypothèques légales des mineurs, des interdits et des femmes mariées (art. 2 et 3). Il n'est d'ailleurs plus question de l'hypothèque sur soi-même et de l'idée de mobilisation du sol au moyen des cédules hypothécaires. Ce système est donc très simple. L'inscription est essentielle, elle rend le privilège et l'hypothèque efficaces à l'égard des tiers, des acquéreurs et des cocréanciers ; elle est la condition *sine qua non* du droit de suite et du droit de préférence. L'hypothèque *ne prend rang* et les privilèges *n'ont d'effet que par leur inscription*, dit l'art. 2. L'art. 14 (ch. V) ajoute : Les créanciers inscrits sur un immeuble peuvent le *suivre* en quelques mains qu'il passe pour être payés et colloqués sur le prix dans l'ordre indiqué par la loi.

Le droit de suite s'exerce dans la procédure de la purge organisée par le titre II de la loi qui a pour rubrique : *Du mode de purger et de consolider les expropriations.* Cette rubrique seule suffit pour montrer que le législateur de l'an VII, fidèle à la tradition, ne donne pour effet aux formalités de la purge que l'extinction de l'action hypothécaire ou du droit de suite. Nous n'insisterons pas sur l'analyse de ces formalités, qui ont été reproduites presque intégralement par le Code civil. L'acquéreur doit notifier aux créanciers inscrits le contrat d'acquisition et le certificat de transcription délivré par le conservateur, l'état des charges et hypothèques qui pèsent sur l'immeuble, avec déclaration qu'il est prêt à acquitter sur-le-champ les dettes échues et à échoir, à concurrence seulement du·

(29) Il y a cependant des privilèges dispensés d'inscription, ch. IV de la loi, art. 11, 12 et 13.

prix mentionné dans le contrat. — Cette notification effectuée, le créancier inscrit peut provoquer la mise aux enchères de l'immeuble à la condition : 1° d'en avertir l'acquéreur dans le mois de la notification ; 2° de s'obliger à
faire porter le prix au moins à 1/20ᵐᵉ en sus de celui mentionné dans le contrat. Cette réquisition doit être notifiée
à l'acquéreur et au vendeur. Si la faculté de surenchérir
n'a pas été exercée par les créanciers inscrits, le prix est
définitivement fixé par le contrat d'acquisition et l'acquéreur est, en conséquence, libéré de tous privilèges et
hypothèques, en payant le prix aux créanciers qui seront en ordre de le recevoir (Comp. art. 2186, Code
civil.)

B. *Loi sur l'expropriation forcée et l'ordre* (30). — Le
droit de préférence s'exercera sur ce prix dans la procédure d'ordre organisée par la seconde loi du 11 brumaire
an VII (ch. III). Les art. 31 à 36 exigent une certaine acti-
vité de la part des créanciers inscrits. Le droit de collocation, qui a survécu au droit de suite, ne pourra s'exercer
dans l'ordre que s'ils ont produit en temps utile. Le procès-
verbal d'ordre, dit l'art. 32, ne peut être clos que 30 jours
après la notification de son ouverture aux créanciers inscrits et à la partie saisie. Pendant ce délai, les créanciers
privilégiés dispensés d'inscription seront tenus sous peine
de déchéance de se faire connaître. Quant aux créanciers
inscrits, bien qu'ils soient connus, ils doivent, dans le
même délai, sur la réquisition soit d'un créancier, soit du
saisi, justifier les titres de leurs créances et les déposer
au greffe. Ce système n'est, en définitive, que la reproduction à peu près exacte de la loi de messidor an III (art. 167
à 169). La déchéance est encourue par les créanciers qui
ne produisent pas dans les délais légaux.

(30) Duvergier, *loc. cit.*, p. 29 et s.

§ 3. — Résumé.

Les deux propositions fort importantes, que nous avons déduites de l'ancien droit, sont tout aussi exactes dans la législation intermédiaire :

1° Les principes du droit commun coutumier, développés au sujet de la règle : *Meubles n'ont pas de suite par hypothèque,* ont été adoptés sans aucune modification par les lois de l'époque transitoire. L'hypothèque des meubles n'est pas possible, mais le privilège mobilier est une véritable hypothèque sur meubles, conférant un droit de préférence seulement, sans droit de suite.

2° Les lois de messidor an III et du 11 brumaire an VII ont fait subir des changements très remarquables au système hypothécaire ; la publicité des hypothèques a été substituée au principe si funeste de la clandestinité. Les procédures de la purge et de l'ordre ont été réorganisées. Mais malgré tous ces changements, il est toujours vrai de dire que le droit de suite se manifeste et s'exerce dans la procédure de la purge, et le droit de préférence dans l'ordre. Le principe de la séparation de ces deux droits n'a donc subi aucune atteinte. Nous avons pourtant une différence assez frappante à signaler entre le droit ancien et le droit intermédiaire, différence qui a sa source dans l'admission de la publicité de l'hypothèque.

Sous le régime des décrets volontaires comme sous celui des lettres de ratification, le droit de préférence ou de collocation survivait au droit de suite et venait s'exercer dans l'ordre, *pourvu toutefois que le créancier hypothécaire ou privilégié eût formé en temps utile opposition au décret ou au sceau des lettres de ratification.* Cette condition *sine qua non* de la survivance et de l'exercice du droit de préférence dans l'ordre, qui tenait précisément au dé-

faut de publicité des privilèges et hypothèques, ne se re-
trouve plus dans le système des lois de messidor et de brumaire. « Sous la loi de brumaire an VII, dit Bénech, la position est entièrement changée ; tous les créanciers hypothécaires sont connus ; ils se sont manifestés par leurs
inscriptions. L'acquéreur qui veut purger ne peut s'adresser qu'à ceux qui se sont fait connaître. Qu'a donc à faire
le créancier qui ne veut pas exercer son droit de surenchère, parce qu'il estime que le prix stipulé dans le contrat
est le prix réel de l'immeuble, qu'aura-t-il à faire, dis-je,
pour maintenir son droit de priorité sur le prix ? Rien, absolument rien. *Il n'a pas à s'opposer, comme sous l'édit ;
son inscription veille pour lui ; il conserve son droit de
préférence en dormant ; il n'aura de rôle actif à jouer
qu'au moment de l'ouverture de l'ordre.* Alors, mais alors
seulement, il devra *s'opposer,* en produisant ses titres de
créance au greffe, en demandant à être colloqué à son
rang, faute de quoi il encourra la déchéance (31) ».

SECTION III

Législation actuelle.

Le principe de la séparation du droit de préférence et
du droit de suite, consacré par une tradition constante,
a été contesté sous l'empire de notre législation actuelle ;
on a soutenu que le droit de préférence n'est que la continuation du droit de suite, et que, les deux attributs du
privilège ou de l'hypothèque étant deux effets d'une même
cause, l'un ne peut exister sans l'autre. Sans doute, le droit
de suite ne peut pas exister sans le droit de préférence,
mais la réciproque n'est pas vraie, le droit de préférence

(31) Bénech, *loc. cit.,* p. 78.

seul est essentiel, et il peut fort bien se passer du droit de suite : naître sans lui comme dans les privilèges sur les meubles, ou lui survivre comme dans les cas de l'art. 2198 du Code civil et de l'art. 17 de la loi de 1841 sur l'expropriation pour cause d'utilité publique (32). Cette indépendance du droit de préférence et le caractère accessoire du droit de suite résultent de la terminologie même des premiers articles du code sur les privilèges et hypothèques. L'art. 2095 dit : Les causes légitimes de préférence sont les privilèges et hypothèques; en d'autres termes, il définit les privilèges et hypothèques *des causes de préférence,* mais il ne parle pas du droit de suite. Les art. 2095 et 2114-1°, qui reproduisent séparément les définitions du privilège et de l'hypothèque, ne s'occupent pas non plus du droit de suite; l'art. 2095 est ainsi conçu: Le privilège est un droit que la qualité de la créance donne à un créancier d'*être préféré* aux autres créanciers même hypothécaires. L'art. 2114-1° est aussi très remarquable ; sans doute, en définissant l'hypothèque *un droit réel* affecté à l'acquittement d'une obligation, il ne mentionne expressément ni le droit de préférence ni le droit de suite ; mais le texte, consulté dans son ensemble, montre bien que le premier alinéa ne vise que le droit de préférence : car si le premier alinéa comprenait le droit de suite, il eût été inutile d'insérer à la fin du texte cette phrase : *L'hypothèque suit les immeubles en quelques mains qu'ils passent.* Si l'art. 2114-1° ne comprend dans sa définition que le droit de préférence, c'est que les définitions ne doivent contenir que les choses essentielles de l'objet à définir, et que le

(32) Les deux articles cités au texte fournissent un argument décisif en faveur de la distinction du droit de suite et du droit de préférence; il en est de même de l'art. 772 du Code de procédure, modifié par la loi du 21 mai 1858. Ces dispositions sont développées *in extenso* plus bas, dans le chapitre III.

droit de préférence est seul de l'essence de l'hypothèque comme du privilège.

Cette théorie, qui fait du droit de préférence le seul attribut essentiel du droit hypothécaire, reçoit plusieurs applications dans le Code civil, le Code de procédure et d'autres lois spéciales. Parmi ces applications les unes sont incontestées, les autres sont l'objet de vives controverses. Nous allons les étudier dans deux chapitres différents ; en premier lieu nous étudierons les divers cas où le droit de préférence existe seul ; en second lieu nous nous demanderons dans quelles hypothèses le droit de préférence subsiste malgré l'extinction du droit de suite.

CHAPITRE II

SECTION PREMIÈRE

Des privilèges sur les meubles.

§ 1er. — Idées générales.

Le droit moderne, conforme à la tradition, admet la théorie du droit commun coutumier ; il rejette l'hypothèque des meubles, mais applique aux privilèges mobiliers la règle : *Meubles n'ont pas de suite par hypothèque.* L'art. 2119 du Code civil n'est que la reproduction de l'art. 447 de la coutume d'Orléans, que nous avons analysé plus haut, et duquel il résulte, que le privilège sur les meubles est attributif d'un simple droit préférence sans droit de suite (1). Le créancier privilégié ne peut poursuivre le meuble qui est sorti du patrimoine de son débiteur, le tiers acquéreur ne peut être inquiété ; il est à l'abri de toute éviction. C'est ce qui est formellement exprimé par le Code civil pour le cas spécial du privilège du vendeur. Le vendeur d'effets mobiliers non payés, aux termes de l'art. 2102-3°, ne peut exercer son privilège au préjudice du sous-acheteur ; il n'a pas le droit de suite, le privilège

---

(1) Voir plus haut, page 80. — Troplong, *Privilèges et hypothèques,* nos 395 et 414. — Colmet de Santerre, *Cours analytique de Code civil,* tome IX, no 6 *bis.* III. — Aubry et Rau, *Code civil français,* tome III, § 276. — Laurent, *Principes de droit civil,* tome 29, nos 313 et 314.

sur la chose s'évanouit, dès qu'il y a eu aliénation suivie de tradition (2).

Le créancier privilégié n'a qu'un droit de préférence qui s'exercera sur le prix encore dû. La loi le dit expressément du privilége qu'elle confère au bailleur. L'art. 2102 emploie les termes suivants : Le privilège pour loyers et fermages s'exerce *sur le prix de tout ce qui garnit la maison louée ou la ferme.* Plus loin le même article ajoute : Les sommes dues pour les semences, etc... sont payées *sur le prix de la récolte,* et celles dues pour ustensiles *sur le prix de ces ustensiles* par préférence au propriétaire.

Cela va sans difficulté quand les meubles du débiteur ont été aliénés publiquement et aux enchères par le syndic d'une faillite, un héritier bénéficiaire ou un curateur à une succession vacante. Personne ne conteste, à notre connaissance, que, dans ces cas, les créanciers chirographaires doivent subir sur le prix de la vente la préférence des créanciers privilégiés. Mais la controverse est très vive quand le débiteur lui-même a vendu à l'amiable le meuble grevé d'un privilège (3). Beaucoup d'auteurs soutiennent que les privilèges sur meubles ne se transportent pas de la chose sur le prix qui pourrait en être dû. A leur avis, la seule chose que la loi soumette au privilège est le meuble vendu et non les créances qui peu-

---

(2) Ces mots *suivie de tradition* tranchent une question controversée sur le privilège du vendeur de meubles. Certains auteurs pensent, à tort selon nous, que le fait même de la revente, non suivie de tradition réelle, empêche le vendeur primitif de frapper ces objets de saisie au préjudice du sous-acheteur. Aubry et Rau, tome III, § 261, texte et note 62; Laurent, tome 29, nᵒˢ 478 et 479.

(3) Voir dans notre sens : Aubry et Rau, tome III, § 261, note 63.—Pont, *Priv. et hyp.,* nᵒ 149. — Laurent, tome 29, nᵒ 480. — *Contrà,* Valette, *Priv. et hyp.,* nᵒ 86. — Persil, sur l'art. 2102, nᵒ 4. — Martou, tome II, § 475.

vent être acquises à l'occasion de ce meuble. Ils ajoutent
que l'aliénation amiable prive les créanciers chirographaires du débiteur de la garantie qu'offrent la publicité et
l'affluence des enchérisseurs. « Il est à craindre, dit
Valette, que la chose grevée du privilège ne soit cédée
ainsi fort au-dessous de sa valeur, tandis que si la vente
a lieu à la chaleur des enchères, judiciaires, on peut espérer qu'une certaine portion du prix restera disponible après
l'acquittement de la créance privilégiée (4).

La distinction que l'on prétend établir entre les ventes judiciaires et la vente amiable nous paraît dénuée de fondement. Si l'on admet que, dans le cas où les effets mobiliers
sont vendus aux enchères, le prix, quel qu'il soit, est l'objet
du privilège mobilier (et il est impossible de ne pas l'admettre sous peine de faire disparaître le privilège lui-même),
on reconnaît forcément par là que le prix *représente et rem-
place la chose grevée du privilège.* Cet aveu nécessaire nous
autorise à conclure que le privilège mobilier se transporte
de la chose sur le prix qui la représente, quel que soit le
mode d'aliénation employé. On prétend que la fixation du
prix ne doit pas être abandonnée au bon plaisir du débiteur, et doit être faite à la chaleur des enchères ; mais la
loi n'autorise nulle part l'addition d'une pareille condition
à l'exercice du privilège. L'art. 2102-1° ne dit qu'une
chose ; le privilège *porte sur le prix ;* il est impossible de
distinguer entre les modes différents d'obtenir ce prix,
puisque la loi ne distingue pas.

Nous concluons donc que le privilège mobilier ne confère
qu'un droit de préférence, lequel s'exercera sur le prix de
la vente soit judiciaire soit amiable. Quand le meuble
est aliéné par le débiteur, le tiers possesseur n'a pas à
craindre les poursuites du créancier privilégié ; il n'a pas

(4) Valette, *loc. cit.*, n. 86.

de droit de suite ; mais le débat s'élève entre les créanciers et dans ce débat il est impossible de ne pas accorder
au créancier privilégié la faculté d'exercer son droit sur
le prix. « Entre les créanciers, disent fort bien Aubry et
Rau, il ne peut être question que de la répartition des
biens du débiteur commun et il suffit qu'il possède encore cette valeur pour que chacun d'eux puisse réclamer
sur elle les droits de préférence qui lui compétent (5). »

Les motifs de la règle qui restreint le privilège mobilier au seul droit de préférence ne sont pas nouveaux. Ils
ont été déjà donnés par les anciens auteurs et notamment
par Basnage (6) et Loyseau (7). Ils peuvent se résumer
ainsi : a) Les meubles par leur nature ne semblent guère
susceptibles d'être soumis à l'exercice d'un droit de suite.
Le meuble, disait Loyseau, n'a pas une subsistance per-
manente et stable comme les immeubles, pour qu'on
puisse y asseoir un droit fixe de poursuite ; b) l'admission
du droit de suite en matière mobilière apporterait un
trouble considérable dans les relations civiles. La circulation des meubles, si utile au développement de la ri-
chesse publique, serait entravée si les acquéreurs, inves-
tis de la possession d'un meuble, ne jouissaient pas d'une
entière sécurité. « Le commerce serait grandement in-
commodé, écrivait encore Loyseau, même aboli presque
tout à fait, parce qu'on ne pourrait pas disposer d'une
épingle, d'un grain de blé, sans que l'acheteur en pût être
évincé par tous les créanciers du vendeur. »

Le désir de protéger l'acquéreur d'un meuble dans un
but d'intérêt général et économique est le point de vue
sous lequel le droit actuel a envisagé la question du droit

(5) Aubry et Rau, § 261, note 63.
(6) Basnage, *Traité des hypothèques*, ch. IX.
(7) Loyseau, *Offices*, liv. III, ch. V, n° 23.

de suite en matière de privilèges sur les meubles. Il est
facile de reconnaître que cette protection due aux acquéreurs, mis en possession des meubles, est aussi le fondement d'une disposition bien célèbre de notre droit : *en
fait de meubles possession vaut titre* (art. 2279). Les deux
articles 2119 et 2279 du Code civil ont la même raison
d'être et le même but, faciliter le trafic des meubles en accordant une sécurité raisonnable aux acquéreurs. Cette sécurité n'a lieu qu'au profit des possesseurs de bonne foi.
L'art. 2279 n'énonce pas cette condition, pourtant tous les
auteurs l'exigent sans difficulté. Il faut aussi l'admettre
pour l'application de l'art. 2119, qui reproduit en définitive sous une autre forme l'idée contenue dans l'art. 2279.
Le créancier privilégié n'a qu'un droit de préférence, tel
est le principe ; mais pourquoi ? parce que s'il jouissait du
droit de suite, la circulation des meubles serait sérieusement entravée. Quand le possesseur du meuble est de
mauvaise foi, quand il connaît l'existence du privilège, ce
motif n'existe plus : le tiers, averti du danger de l'éviction, aurait dû s'abstenir de faire l'acquisition du meuble ;
il ne mérite aucune protection. Il est donc juste, dans ce
cas, d'assurer l'efficacité du droit de préférence, résultant
du privilège, par la garantie accessoire et exceptionnelle
du droit de suite. De même, si le débiteur a perdu la possession d'un meuble par suite d'un vol ou autrement,
nous ferons fléchir la règle : Meubles n'ont pas de suite
par hypothèque. Les vols sont ordinairement entourés de
circonstances qui éveillent l'attention d'une personne
prudente ; il y a une certaine faute de la part de celui qui
achète un meuble dont il ignore la provenance. L'article
2279 autorise la revendication ou l'exercice du droit de
suite sans compromettre la facilité des relations concer-
nant les meubles. La règle de l'art. 2119 étant l'applica-

tion du principe de l'art. 2279 à la matière des privilèges et hypothèques, il faut y apporter les mêmes tempéraments et décider que, dans le cas de perte ou de vol, le créancier, dont le privilège portait sur le meuble égaré ou volé, peut exercer le droit de suite contre le possesseur même de bonne foi. Pour compléter cet exposé de principes, ajoutons que si le tiers acquéreur d'un meuble n'a aucune inprudence à se reprocher, le créancier privilégié ne pourra invoquer la garantie exceptionnelle du droit de suite; il en sera ainsi dans les hypothèses prévues par l'ar-2280 du Code civil (8).

L'art. 2119 est-il applicable aux privilèges sur les créances et sur les autres meubles incorporels en général? Est-il vrai de dire que les privilèges sur ce genre de meubles ne confèrent qu'un droit de préférence? On l'a soutenu et c'est même l'opinion dominante. Les privilèges sur meubles incorporels sont soumis à la règle générale, disent Aubry et Rau. « Si la règle de l'art. 2119 se rattache à la maxime : *En fait de meubles possession vaut titre,* on aurait tort de là considérer comme un simple corollaire de cette maxime, dont elle forme en réalité le complément. Elle s'applique aux meubles incorporels qui ne sont pas régis par la maxime précitée aussi bien qu'aux meubles corporels (9) ». Nous avons montré comment les deux règles des art. 2119 et 2279 étant fondées sur les mêmes motifs, les mêmes solutions doivent être données aux difficultés analogues qu'elles soulèvent. Il faut suivre la même méthode dans la question qui nous occupe et décider que les meubles incorporels font exception à la

(8) Nous analysons plus bas, page 118, une décision intéressante du tribunal civil de la Seine qui refuse dans un cas particulier de faire l'application de l'art. 2280.

(9) Aubry et Rau, tome III, § 256, note 2.

règle de l'art. 2119 comme à celle de l'art. 2279. Les privilèges sur les créances, les offices ministériels ou autres meubles incorporels ne confèrent donc pas un simple droit de préférence ; ils sont garantis dans leur exercice par le droit de suite : « Le privilège assis sur une créance, dit notre éminent professeur M. Labbé, dure autant que cette créance. Après la signification d'un transport, la créance existe-t-elle encore ? La réponse n'est pas douteuse : la créance existe, elle a été transmise et non éteinte, donc le privilège subsiste, *donc la créance a passé au cessionnaire, grevée du privilège établi par la loi...... Le privilège affecte et suit la créance tant qu'elle existe* (10). » Le droit de suite, en matière de créances, s'exercera au moyen d'une saisie-arrêt, pratiquée par le créancier privilégié entre les mains du débiteur cédé même après la signification du transport. En matière de cession d'offices, le droit de suite ne pourra s'exercer utilement, puisque les offices ministériels, à raison de leur caractère public, sont insaisissables. Le créancier privilégié ne peut d'ailleurs critiquer le prix et faire une surenchère ; le prix est en effet définitivement fixé par l'approbation du gouvernement.

§ 2. — Particularités relatives au privilège du bailleur.

Les principes exposés s'appliquent au privilège du locateur. Ce créancier ne jouit que d'un droit de préférence, mais exceptionnellement il bénéficie des avantages du droit de suite dans les limites indiquées par l'art. 2279. Toutefois deux modifications sont apportées aux dispositions de cet article. Aux termes de l'art. 2102, le proprié-

---

(10) Labbé, *Des privilèges spéciaux sur les créances, Revue critique,* année 1876, p. 571 et 665.

taire peut saisir les meubles qui garnissent sa maison ou sa ferme, *lorsqu'ils ont été déplacés sans son consentement,* et il conserve sur eux son privilège, pourvu qu'il ait fait la revendication, savoir : lorsqu'il s'agit du mobilier qui garnissait une ferme dans le délai de quarante jours, et, dans celui de quinzaine, s'il s'agit de meubles garnissant une maison. En premier lieu, le droit de suite est accordé au locateur dans une hypothèse non prévue par l'art. 2279-2°. Le propriétaire a une créance tellement favorable aux yeux de la loi, qu'on a cru juste de lui donner le droit de revendiquer les meubles déplacés sans son consentement, et d'ajouter ainsi une exception nouvelle à la règle *meubles n'ont pas de suite par hypothèque.* Mais d'un autre côté le délai de trois ans, accordé par l'art. 2279, est sensiblement diminué dans l'intérêt de la circulation des meubles ; la revendication du locateur doit s'exercer dans un délai très court (*intra breve tempus,* disaient nos anciens auteurs). Ce délai varie, suivant qu'il s'agit d'une ferme ou d'une maison. La loi accorde plus de temps au bailleur d'une ferme, parce que la surveillance du propriétaire des biens ruraux paraît plus difficile, et que le déplacement des objets qui les garnissent peut être plus longtemps dissimulé (11).

La revendication de l'art 2102 est un moyen de conserver le privilége qui s'échappe et de ramener la chose grevée aux conditions de possession nécessaires pour que le droit de préférence s'exerce efficacement ; nous avons dit qu'elle était régie par les principes de l'art. 2219 et de l'art. 2279 combinés avec l'art 2102 ; il en résulte les conséquences suivantes.

Première conséquence. — Le bailleur a le droit de suite si les meubles ont été déplacés sans son consentement

(11) Valette, *Priv. et hyp.,* n° 67.

(art. 2102). Le locataire ne peut donc *vendre* les meubles grevés du privilège sans le consentement du propriétaire. Telle était l'opinion de Dumoulin sur l'art. 125 de la coutume du Bourbonnais et de Pothier dans son *Traité du Louage,* n° 161. Cette opinion était repoussée par de Ferrière et Basnage (12). Ils donnaient pour raison que l'on ne pouvait priver ainsi un locataire du droit de disposer de ses biens ; d'après eux, le locataire était libre d'aliéner les meubles grevés du privilége, pourvu que la vente, en elle-même, ne fût ni clandestine ni entachée de fraude.

La doctrine actuelle s'est prononcée presque unanimement en faveur de l'opinion enseignée par Dumoulin ; Grenier seul a refusé de l'admettre (13), mais il est difficile de comprendre ce dissentiment en présence des termes formels de l'article 2102. Le Code parle *d'un déplacement quelconque,* effectué à la suite d'un contrat de vente ou pour toute autre cause. — Grenier s'appuie surtout su r l'au torité des anciens auteurs ; mais cette autorité ne saurait avoir de l'influence, puisque ces auteurs commentaient le texte de la coutume de Paris, dont les termes, *différents de ceux qu'emploie l'art.* 2102, permettaient la discussion et les divergences d'opinion. — Quant à l'argument tiré de l'impossibilité pour le locataire d'aliéner ses meubles, il tombe devant cette considération, que l'avertissement donné au propriétaire suffit pour mettre le tiers acquéreur à l'abri de toute éviction. D'ailleurs l'incertitude de cet acquéreur ne peut durer longtemps ; elle cessera forcément 15 ou 40 jours après la vente du meuble, suivie de déplacement.

(12) De Ferrière, *Compilation sur Paris,* art. 171, glose 1. — Basnage *Hypothèques,* ch. XIV.

(13) Grenier, *Traité des hypothèques,* tome II, n° 311. En notre sens tous les auteurs. Troplong, *Priv. et hyp.,* tome I, § 161.

La revendication de l'article 2102 peut-elle être exercée, quand il s'agit d'un déplacement des fruits de la ferme, effectué sans le consentement du bailleur? ou bien le bailleur est-il empêché de les revendiquer en vertu de la règle : meubles n'ont pas de suite?

Cette seconde solution est soutenue par quelques auteurs qui se fondent sur l'art. 2102, et sur l'art. 819 C. pr. civ., dont les textes ne mentionnent pas les fruits. Tout ce qui touche à la matière des priviléges étant de droit étroit, on ne peut accorder le droit de suite au bailleur dans une hypothèse où la loi ne s'explique pas.

Nous préférons nous rallier à l'opinion communément admise pour plusieurs motifs : 1° d'abord, on ne s'explique pas, quelle pourrait être la raison de la différence entre les meubles et les fruits, d'autant que le propriétaire aura souvent les fruits de la ferme pour unique garantie ; 2° on objecte que l'article 2102 et l'art. 819 C. pr. civ., n'accordent la revendication que si des *meubles, garnissant* la ferme, ont été déplacés clandestinement ; mais évidemment ces articles n'ont pas le sens restrictif qu'on veut leur donner. L'article 520 du Code civil range les fruits parmi les *meubles,* et de plus les fruits *garnissent* la ferme, dont ils emplissent la cave, les greniers, etc. Nous sommes donc en présence de véritables *meubles garnissant* la ferme, et la revendication de l'article 2102 peut être exercée sur eux comme sur les meubles meublants (14).

Toutefois nous ferons une restriction : assez souvent la revendication sera impossible en cas de vente des fruits par le fermier, non point parce que les art. 2102 et 819 C. pr. civ. mentionnent les meubles sans parler des fruits,

(14) Troplong, *loc. cit.,* § 162. — Pont, *Priv. et hyp.,* art. 2102, n° 6.

mais parce que, les fruits étant destinés à la vente, le bailleur ne pourra pas prétendre *qu'ils ont été déplacés sans son consentement ;* il sera présumé avoir consenti d'avance ; car il a dû comprendre que les fermages ne se paient en général qu'avec le prix des récoltes. Ceci nous fournit une transition toute naturelle à la question suivante : Quand le propriétaire est-il présumé avoir donné son consentement au déplacement des meubles ? — Si le consentement a été donné formellement, il n'y a pas de difficulté, le droit de de suite n'existe pas, il ne peut être question d'une présomption à établir là où une certitude existe. Le consentement tacite peut s'induire de circonstances diverses : 1° Il peut se faire que les objets, dégrevés du privilège, soient de leur nature destinés au commerce, à la vente ; il en est ainsi, comme nous l'avons vu, pour les fruits de la ferme ; ou bien si le propriétaire a loué à un marchand, car il a dû comprendre que les objets qui garnissent sa maison sont essentiellement destinés au commerce ; 2° Il peut se faire encore que le propriétaire, à l'expiration du bail, ait laissé *sciemment* le locataire quitter l'appartement en emportant tous ses meubles avec lui. En un mot, ce sera une question d'appréciation.

Deuxième conséquence. — Le locateur peut opposer son droit de suite même au possesseur de bonne foi. C'était la doctrine de Dumoulin, qui pensait que le droit de suite venait se joindre au droit de préférence en faveur du locateur « *etiam contra emptores bonæ fidei, modo intra breve tempus* ». Le Code a voulu certainement la consacrer ; car il concède le droit de suite en des termes aussi généraux que possible, et qui n'admettent aucune distinction. Cette solution est d'ailleurs parfaitement équitable. Le bailleur n'a pu prévenir le déplacement clandestin de meubles qui sont toujours à la disposition du locataire ; il n'a aucune

imprudence à se reprocher, et sa situation est aussi intéressante que celle d'un propriétaire qui a été volé ; d'ailleurs, son droit est enfermé dans un si court délai qu'il ne
peut nuire sérieusement aux tiers de bonne foi. Nous
ajouterons que ces tiers ont peut-être une légère faute à se
reprocher ; car enfin il leur est le plus souvent possible de
connaître la condition de leur vendeur, et de s'informer
s'ils ne traitent pas avec un locataire ou un fermier.

Troisième conséquence. — Si les meubles déplacés
avaient été vendus en foire ou dans un marché à un acheteur de bonne foi, la revendication ne devrait être admise
que moyennant le remboursement du prix d'acquisition.
Cette solution, adoptée par la majorité des auteurs, n'a pas
trouvé faveur auprès du tribunal civil de la Seine, devant
lequel la question s'est présentée pour la première fois. Voici
les faits : Un sieur Biard, locataire du sieur Cartairade,
le 29 septembre 1879, fait sortir de la maison louée 4 chevaux et 2 tombereaux, qui étaient la garantie des loyers ;
il les vend le 3 octobre à un marchand de chevaux, nommé
Brunet, qui lui-même les revend à un sieur Laurent sur le
marché aux chevaux. Le bailleur, exerçant dans la quinzaine le droit de revendication de l'article 2102, actionne
le sieur Laurent, dernier acheteur, pour obtenir de lui la
restitution des objets déplacés sans son consentement. Le
sieur Laurent se défend en invoquant la disposition de
l'article 2280 du Code civil ; il prétend que le locateur
privilégié, pas plus que le propriétaire d'un objet perdu
ou volé, ne peut poursuivre en revendication le tiers
acquéreur de bonne foi, qui a acquis les meubles déplacés
sur un marché public, sans lui rembourser son prix d'a-
chat. Le tribunal de la Seine a donné gain de cause au
propriétaire revendiquant, et a refusé de faire l'application
de l'article 2280 à la matière des privilèges. Voici les con-

sidérants principaux du jugement : « Attendu que Cartairade agit, non comme propriétaire d'objets perdus ou volés, mais comme propriétaire de lieux loués à Biard, et comme exerçant le droit de saisie-revendication, qui lui est reconnu par l'article 2102 du Code civil ; — que c'est un droit de suite qu'il exerce, et que les fins de non-recevoir qui, aux termes des articles 2279 et 2280 du même Code, peuvent s'élever contre le propriétaire, ne s'élèvent pas contre le créancier qui poursuit le gage dans les mains où il se trouve par le fait du propriétaire même de ce gage ; — que ni l'article 2102, ni les articles 826 et suivants du Code de procédure civile ne contiennent de fin de non recevoir contre la demande intentée par le bailleur de lieux loués, laquelle demande peut être formée contre tout détenteur des objets revendiqués ; — par ces motifs le tribunal dit à bon droit l'action intentée par Cartairade, déclare bonne et valable et convertie en saisie-exécution la saisie-revendication du 13 octobre 1879 ; autorise en conséquence Cartairade à faire procéder à la vente des tombereaux, chevaux et harnais saisis sur la place du marché aux chevaux de Paris, pour le prix à provenir de ladite vente être par le commissaire-priseur, qui y aura procédé, remis à Cartairade, en déduction et jusqu'à concurrence du montant de sa créance privilégiée en principal et accessoire (15) ».

La solution admise par le tribunal de la Seine ne nous semble pas devoir fixer la jurisprudence. Si elle était admise, elle enlèverait toute sécurité aux acheteurs qui, de très bonne foi, font l'acquisition d'objets mobiliers sur des marchés publics, où ils ne peuvent s'informer de leur provenance ; pendant plusieurs jours, ils seraient menacés d'une éviction de la part du locateur privilégié dont ils n'ont

---

(15) Journal *le Droit*, 15 décembre 1880. — Valette, *loc. cit.*, n° 86.

pu soupçonner l'existence. Le législateur n'a certainement
pas sanctionné cette incertitude des achats, si défavorable
au mouvement général des affaires. Nous avons établi
plus haut que la règle *meubles n'ont pas de suite*, qui
réduit le privilège mobilier à un droit de préférence sur
le prix du meuble vendu, est une conséquence de cette
autre règle : *en fait de meubles, possession vaut titre*
(art. 2279), et qu'elle poursuit le même but, la protection
du possesseur de bonne foi. Cette règle reçoit deux exceptions relatives, l'une aux objets déplacés par le locataire à
l'insu du propriétaire (art. 2102), l'autre aux objets que le
locataire a perdus ou qui lui ont été volés (art. 2279).
Cette seconde exception est limitée par l'article 2280 : la
revendication n'est permise au locateur privilégié contre
un acquéreur de bonne foi, qui a acheté le meuble dans
une foire ou un marché, que s'il est disposé à lui rembourser son prix d'achat. Les motifs de l'art. 2280 sont des
motifs d'intérêt général, qui doivent s'appliquer avec la
même force dans le cas où l'objet, acquis sur un marché,
est un meuble déplacé par un locataire sans le consentement du bailleur. Peu importe que les objets achetés au
marché soient des meubles perdus, volés ou *détournés
dans le sens de l'article* 2102 ; le tiers acquéreur est aussi
intéressant dans ces trois hypothèses ; le droit de suite
doit être accordé au locateur, mais adouci par le tempérament équitable de l'article 2280. Telle était, au surplus,
la doctrine de presque tous les anciens auteurs ; Pothier
s'exprimait ainsi : « La faveur du commerce a fait établir que ceux qui achètent en foire ou en marché public
acquissent sûrement et fussent à couvert de toutes re-
cherches de la part *de tous ceux qui prétendraient quelque droit aux choses vendues. Ces ventes ont, à l'égard des
meubles, le même effet que les ventes des immeubles par

décret. » (*Louage,* n° 265). Il n'est pas admissible que les rédacteurs du Code aient abandonné cette doctrine si équitable de Pothier ; on ne peut assurément l'induire de cette circonstance que l'article 2280 n'est pas placé au titre des privilèges.

§ 3. — Particularités relatives au privilège du vendeur

En disant que le vendeur non payé a privilége sur le prix des meubles vendus, s'ils sont encore en la possession du débiteur, l'art. 2102-4° ne fait qu'appliquer au vendeur privilégié le principe général : *meuble n'a pas de suite.* La loi donne le droit de suite par exception au bailleur (art. 2102-1°) ; mais elle ne l'accorde pas au vendeur, parce que cette dérogation au droit commun aurait troublé les relations civiles et commerciales. Les tiers acquéreurs sont protégés contre la revendication du propriétaire en vertu de la maxime de l'art. 2279 ; ils doivent *a fortiori* être garantis contre les créanciers munis d'un simple droit réel par celle de l'art. 2119. L'art. 2102-4° ne dit pas autre chose. Il en résulte que le vendeur privilégié n'aura très exceptionnellement le droit de poursuivre l'acquéreur que dans les cas prévus par l'art. 2279-2°, sauf pourtant encore la réserve de l'art. 2280, ou bien si cet acquéreur est de mauvaise foi (16).

C'est surtout à l'occasion du privilége du vendeur que s'est élevée la discussion sur le point important de savoir, si le droit de préférence d'un créancier privilégié sur meubles se transporte de la chose sur le prix. L'aliénation, suivie de tradition, dégrève la chose et le tiers possesseur est propriétaire incommutable : elle produit, comme le disait ingénieusement Pothier, l'effet des an-

(16) Voir plus haut, page 107 et suivantes.

ciennes ventes d'immeubles par décret. Le privilège ne peut donc s'exercer sur la chose elle-même ; mais le prix de la vente, *qu'elle ait eu lieu à l'amiable ou aux enchères,* représente exactement cette chose ; on ne voit pas pourquoi le créancier privilégié serait déchu de sa cause de préférence, juste au moment où elle lui est le plus nécessaire. Sans doute, comme nous l'avons déjà dit d'une manière générale pour tous les priviléges mobiliers, l'opinion contraire fait une distinction, et, pour conserver quelque utilité aux privilèges mobiliers, elle reconnaît que le droit de préférence se transportera sur le prix, fixé par une vente aux enchères. Mais où la loi autorise-t-elle cette distinction ? L'art. 2102-4°, spécial à notre privilége, dit bien que les meubles doivent être en la possession du débiteur ; mais cette condition, qui n'a d'autre but que la protection et la sécurité des acquéreurs, ne saurait être invoquée par les créanciers. Prenons un exemple : Primus a vendu le meuble M à Secundus, qui l'a revendu à Tertius. Ce dernier est à l'abri de toute poursuite ; car *meubles n'ont pas de suite.* Mais il s'agit ici du droit de préférence, qui n'intéresse pas Tertius, et n'est dès lors pas régi par l'art. 2102-4°. Tertius ne peut contredire le droit de Primus ; il n'y a pas d'intérêt, puisqu'il n'est pas lésé. Quant aux créanciers de Secundus, ils ne peuvent invoquer l'art. 2102-4°, ou, ce qui revient au même, la maxime : *meubles n'ont pas de suite,* qui n'est point faite pour eux. Ajoutons que l'opinion contraire conduit logiquement à la suppression du privilège en matière de cession d'offices ; c'est en effet ce qu'a décidé la Cour de Nancy par un arrêt du 2 mars 1850. Une pareille conséquence suffirait pour faire rejeter le système (17).

(17) Aubry et Rau, tome III, § 261, note 63. — Mourlon, *Examen critique* tome I, n° 119. — Pont, *loc. cit.,* p. 111, n° 149. — Laurent, tome

Notre théorie est assez généralement admise quand il n'y a eu qu'une seule revente ; mais beaucoup d'auteurs refusent d'aller plus loin, et, en cas de plusieurs reventes successives, ils n'admettent pas que le droit de préférence du premier vendeur se transporte et s'exerce sur le prix de la dernière revente. La Cour de Paris semblait s'être prononcée en notre sens dans un arrêt du 23 mai 1838 (Sirey, 38. 2. 364), qui accorde au vendeur d'un office privilége sur le prix de la dernière revente, lorsque cette revente a été faite sans son consentement, pourvu qu'il ait essayé de conserver son droit par tous les moyens légaux. Mais depuis la même Cour a changé d'avis et décidé que le vendeur d'un office ne peut exercer son privilége que sur le prix de la première revente (arrêt du 24 mai 1854, Dalloz 54. 2. 295). « Le privilége, disent Aubry et Rau, ne s'étend point au prix des cessions subséquentes, encore que le cessionnaire en troisième ordre soit resté débiteur du cessionnaire en second ordre, son cédant. En pareil cas, le premier cessionnaire a bien privilége sur le prix encore dû de la revente passée par son successeur ; mais sa créance privilégiée forme le gage commun de tous ses créanciers, sans aucun droit de préférence pour le cédant primitif (18). » Cette opinion nous paraît illogique et dénuée de tout fondement :

1° Elle est illogique, parce qu'il n'y a aucune raison de distinguer entre le prix de la première et celui de la dernière revente ; l'un et l'autre remplacent également la chose vendue, et il serait injuste de faire concourir le

29, n° 480. — Dalloz, au mot *Priviléges,* n° 338-1°, — *Contrà,* Valette, *loc. cit.,* n° 86. — Martou, tome II, n° 475. — Cour de Nancy, 2 mars 1850. Dall., 50.2.122.

(18) Aubry et Rau, *loc. cit.,* note 68. — Cass., 8 août 1860. (Sir., 60, I, 845.)

vendeur primitif avec les créanciers des acquéreurs successifs du meuble vendu. On objecte que l'art. 2102-4° exige pour l'exercice du privilège que le débiteur ait conservé la possession ; mais cet argument, s'il était vrai, prouverait trop, puisque la première revente est précisément celle qui opère la dépossession du débiteur, et que presque unanimement l'on admet l'exercice du droit de préférence sur le prix de cette revente (19).

2° Elle est dénuée de fondement, parce qu'elle se base principalement sur la règle *meubles n'ont pas de suite par hypothèque,* et que cette règle n'est nullement en jeu dans notre question, uniquement relative au droit de préférence. Sans doute : le vendeur privilégié n'a pas le droit de suite ; mais qu'importe ? La chose, objet du droit de suite, est libérée ; mais le prix reste dû, et c'est sur ce prix que s'exercera le droit de préférence du vendeur primitif. Et qui donc pourrait prendre le pas sur lui ? Les vendeurs intermédiaires ? Évidemment non, car il a un droit antérieur et préférable à celui des vendeurs subséquents, conformément à la disposition formelle de l'art. 2103 n° 1, qui s'occupe, il est vrai, du privilège du vendeur d'immeubles, mais au point de vue du droit de préférence seulement, de sorte que l'analogie des deux situations est complète. Seraient-ce les créanciers de ces vendeurs intermédiaires ? Pas davantage ; car le prix des reventes successives est la représentation exacte de la chose vendue, que le vendeur primitif a mise dans le patrimoine du débiteur, et qui ne peut être la source d'un gain illégitime à leur profit. Prenons un exemple : Primus a vendu à Secundus, qui a revendu à Tertius, lequel à son tour a revendu à Quartus. Aucun des vendeurs n'a été payé. Le droit de préférence de Primus s'est transporté sur le prix dû à Tertius ;

(19) Pont, *loc. cit.,* n° 150.

il primera donc les autres vendeurs et leurs créanciers.

Notre savant maître, M. Labbé, nous montre le fonctionnement pratique de cette idée dans l'hypothèse intéressante *de la vente à la filière :* « Des marchandises ont été vendues dans un certain délai. L'acheteur avant l'arrivée du terme revend ; puis il y a d'autres reventes ; elles forment une filière. Au moment où les choses doivent être livrées, le vendeur primitif avertit le premier acheteur et l'avertissement se répercute d'auteur à ayant cause jusqu'au dernier acheteur. Le premier acheteur paie son prix au premier vendeur en remettant sa facture acquittée sur son propre acheteur et en payant ou en recevant en argent la différence, selon que le prix de la revente est plus ou moins élevé que le prix de l'achat. Il donne, en outre, ordre au premier vendeur de livrer au second acheteur, qui reçoit la facture acquittée de son vendeur et remet en échange une facture au sous-acheteur ; il règle la différence et il donne ordre de livrer à son ayant cause. Le vendeur primitif arrive ainsi de démarche en démarche jusqu'au dernier acheteur, celui qui n'a pas revendu, qui doit payer et doit prendre livraison. Le vendeur primitif se trouve ainsi avoir en main la facture quittancée du dernier vendeur sur le dernier acheteur et un ordre de livrer à celui-ci. Il reçoit en espèces le paiement du prix de la dernière vente contre livraison des marchandises. Il ne bénéficie que du prix de sa propre vente ; car si le prix de la dernière vente est plus considérable, il a déjà déboursé la différence. Le but de l'opération est de faire servir le prix dû par le dernier acheteur à désintéresser le premier vendeur jusqu'à due concurrence. Ce mode de règlement est très équitable. *Le privilège du premier vendeur n'est pas anéanti* (20). »

(20) Labbé, *Privilèges sur les créances, Revue critique,* année 1876.

SECTION II.

Privilège de la Séparation des patrimoines.

La séparation des patrimoines peut s'appliquer à tous les biens qui composent une succession, aux meubles comme aux immeubles ; il suffit qu'un bien ait appartenu au défunt, au moment de son décès, pour qu'il fasse partie du gage particulier des créanciers héréditaires et des légataires, et, à ce titre, soit susceptible de motiver une demande en séparation de leur part. Nous allons nous occuper successivement de la séparation des patrimoines quant aux meubles et quant aux immeubles.

§ 1er. — Séparation des patrimoines appliquée aux meubles (21).

Sans difficulté aucune, le privilège de la séparation des patrimoines ne confère que le droit de préférence, lorsqu'il porte sur les meubles ; ce n'est que l'application du droit commun en matière de privilèges mobiliers, et la conséquence nécessaire de la maxime : *meubles n'ont pas de suite par hypothèque (art. 2119)*. Mais cette règle souffre des exceptions :

1° Le droit de préférence, résultant de la séparation des patrimoines, sera garanti par le droit de suite, quand le tiers acquéreur sera de mauvaise foi ; ce qui doit être laissé à l'appréciation des tribunaux. Il n'y aura pas mauvaise foi par cela seul qu'une personne aura acheté un meuble, sachant qu'il dépend d'une succession échue au vendeur ; peut-être même serait-il exagéré de prétendre que la mauvaise foi devrait toujours s'induire

(21) Ce privilège mobilier serait plus logiquement placé dans la précédente section ; mais nous avons préféré réunir dans une même section tout ce qui est relatif au privilège de la séparation des patrimoines.

de ce que le tiers acquéreur connaissait l'insolvabilité de l'héritier. Mais si ce tiers avait profité du mauvais état des affaires de son vendeur pour acheter à un très bas prix, s'il avait pu présumer que les créanciers héréditaires n'avaient d'espoir à attendre que des biens du défunt, et par conséquent exerceraient la séparation des patrimoines, dans ce cas la mauvaise foi est évidente, et il est juste d'accorder aux créanciers du défunt le droit de suite, sans lequel la séparation des patrimoines et la préférence qui en résulte ne seraient qu'une pure illusion. C'est donc une question de fait, d'appréciation, et nous ne pouvons nous ranger à l'opinion de Ducaurroy, qui s'exprime ainsi : « Les créanciers du défunt n'ont aucun recours à exercer, même dans les trois ans, contre les tiers détenteurs de meubles de la succession ; et nous entendons parler non seulement des tiers de bonne foi, qui sont évidemment protégés par la maxime *en fait de meubles possession vaut titre* (art. 2279), mais même des tiers de mauvaise foi, l'esprit de la loi n'étant d'accorder aucun droit de suite. » (Ducaurroy, Bonnier et Roustaing, tome II, n° 770 p. 540).

2° Le droit de suite devrait être accordé aux créanciers du défunt en cas d'aliénation de meubles incorporels, de créances, actions, etc., qui ne sont pas soumis à la règle *meubles n'ont pas de suite* (art. 2119). En conséquence, si des créances héréditaires ont été cédées par l'héritier, les créanciers du défunt, tant que le paiement desdites créances n'aura pas eu lieu, pourront suivre les créances entre les mains des cessionnaires ; le droit de suite se traduira pratiquement en une saisie-arrêt, opérée par les créanciers entre les mains des débiteurs cédés, et qui leur permettra d'exercer leur droit de préférence sur la somme arrêtée. De ce que le droit de suite n'est que la garantie et l'accessoire du droit de préférence, il suit forcément que l'exercice de ce droit doit avoir lieu dans les trois ans à compter du décès ; passé ce délai, la préférence résultant de la séparation des patrimoines est éteinte et le droit de suite n'aurait plus sa raison d'être (*Contra*. Demolombe, tome V, *Des successions*, p. 187).

Le droit de préférence est donc, en principe, le seul effet du privilége de la séparation des patrimoines ; l'aliénation d'un meuble héréditaire au profit d'un acquéreur de bonne foi est à l'abri de toute attaque, à moins qu'il ne s'agisse d'un meuble incorporel. Le droit de préférence, livré à ses seules forces, est tout à fait perdu lorsque le tiers acheteur a payé son prix, à cause de sa confusion immédiate avec le patrimoine de l'héritier. Mais quand le prix n'a pas été versé aux mains de l'héritier, quand il est encore dû, les créanciers du défunt et les légataires peuvent demander à être payés sur ce prix préférablement aux créanciers personnels de l'héritier : *en d'autres termes, le droit de préférence se transporte sur le prix de la vente* (22). Cette proposition a été contestée : on a dit que le privilége de la séparation des patrimoines ne portait que sur les biens eux-mêmes du défunt, et que le prix de l'aliénation d'un meuble, consentie par l'héritier, ne pouvait être considéré comme un bien héréditaire, soumis au droit de préférence de l'art. 880.

Cette objection nous touche peu ; car la séparation des patrimoines s'applique à tous les biens qui composent le patrimoine héréditaire ; et il est difficile de soutenir que le prix d'un meuble héréditaire ne soit pas lui-même un

---

(22) Voir plus haut page 108, le développement du principe général applicable aux priviléges mobiliers. Nous ne mentionnerons ici que ce qu'il y a de spécial à notre matière (Demolombe, *Traité des successions* tome V, n° 176).

bien héréditaire, une valeur représentant exactement le meuble vendu en vertu d'une subrogation réelle, dont les effets sont nettement exprimés par cette maxime latine : « *In judiciis universalibus res succedit in locum pretii, et pretium in locum rei.* » *Dans les actions universelles,* dit cette maxime ; or l'action en séparation des patrimoines qui, de sa nature, n'est pas collective et s'exerce pratiquement à l'occasion de la vente de biens particuliers, est à un autre point de vue, universelle, parce qu'elle est susceptible d'être exercée *à l'occasion de l'universalité, de la masse héréditaire* (23).

L'absence du droit de suite compromettant singulièrement le droit de préférence des créanciers et des légataires, le législateur devait leur accorder d'autres garanties. Les mesures conservatoires, destinées à préserver les créanciers ou légataires, de la déchéance de leur droit de préférence, sont de nature différente. Sans hésiter, il faut reconnaître aux créanciers ou légataires le droit de requérir l'apposition des scellés (art. 909 et suiv. C. pr. civ.), la confection d'un inventaire (art. 930 et 941 du même Code) ; c'est souvent à l'occasion de l'inventaire qu'ils annonceront leur intention de demander la séparation des patrimoines contre les créanciers de l'héritier. Cette déclaration pourra servir au juge pour apprécier si le tiers acquéreur d'un meuble de la succession a été de mauvaise foi, et conséquemment ne peut s'abriter derrière le maxime de l'article 2279. Les créanciers ou légataires du défunt pourront aussi demander le versement des deniers de la succession à la caisse des dépôts et consignations, obtenir le séquestre, réclamer la vente même des meubles pour le prix en être consigné. Mais c'est une grosse question de savoir s'ils ont le droit d'exiger de l'héritier une caution

(23) Demolombe, *Traité des successions,* tome V, nos 118 et suivants.

ou toute autre garantie pour assurer l'exercice de leur droit de préférence. La Cour de Paris, dans un arrêt très important (24), leur a refusé ce droit, qu'elle considère comme exorbitant. La loi, dit la Cour, n'a organisé à l'égard des meubles aucune mesure conservatoire ; il existe celles des scellés, des inventaires, ou toutes autres ayant pour effet d'opérer la distinction des biens ; mais il n'est pas possible de suppléer au silence gardé par le législateur à l'aide de moyens quelconques qui affecteraient la saisine ou le droit qu'a l'héritier de disposer des valeurs même mobilières de la succession. Cette décision de la Cour de Paris annule un jugement du tribunal civil de Reims, qui avait condamné l'héritier à fournir bonne et solvable caution au demandeur, dans l'espèce un légataire particulier. Cette seconde opinion nous paraît juridique et équitable. Le Code civil garde, il est vrai, le silence en matière de séparation des patrimoines ; mais il contient un texte qui fournit, à notre avis, un argument bien puissant ; l'article 807, écrit pour la matière du bénéfice d'inventaire, est ainsi conçu : L'héritier bénéficiaire est tenu, si les créanciers ou autres personnes intéressées l'exigent, de donner caution bonne et solvable de la valeur du mobilier compris dans l'inventaire, etc. Puisque l'héritier, sous le régime du bénéfice d'inventaire qui a été établi uniquement en sa faveur, peut être tenu de fournir une caution aux créanciers ou aux légataires, il semble que cette obligation doit *a fortiori* lui incomber lorsque ces derniers demandent, dans leur propre intérêt, la séparation des patrimoines. Au surplus, dans la théorie, selon laquelle le bénéfice d'inventaire emporte de plein droit la séparation des patrimoines, il semble difficile de refuser aux créanciers le bénéfice de l'art. 807, et d'établir une

(24) Cour de Paris, 28 avril 1865. (Sirey, 1866, II, 49).

distinction, suivant que la séparation est demandée principalement ou résulte de l'acceptation bénéficiaire. Enfin, l'héritier n'a pas à se plaindre de cette solution ; car, s'il refuse la garantie qui lui est demandée, ce ne peut être que pour les deux raisons suivantes : « ou il ne peut pas trouver une caution, ou il a de mauvais desseins en ce qui concerne les biens héréditaires au préjudice des créanciers, du défunt et des légataires ; or, dans l'une et l'autre hypothèse, il est juste qu'ils soient garantis. (Demolombe, *Successions*, V, p. 162.)

En résumé, le privilége mobilier de la séparation des patrimoines est attributif d'un simple droit de préférence ; mais, malgré l'absence du droit de suite, ce droit peut s'exercer le plus souvent avec efficacité, si les créanciers du défunt ou les légataires sont diligents, puisqu'il se transporte sur le prix de l'aliénation des meubles héréditaires, et qu'en outre il est susceptible d'être conservé à l'aide des mesures, quelquefois énergiques, qui leur sont accordées par la loi.

§ 2. — Séparation des patrimoines appliquée aux immeubles.

A. *Elle ne confère qu'un droit de préférence.* — Tandis que les priviléges mobiliers se résument en général en un droit de préférence, les priviléges immobiliers comme d'ailleurs l'hypothèque, font sur l'immeuble grevé une impression ineffaçable et qui persiste malgré l'aliénation. Toutefois, une exception est faite à ce principe ; le privilège de la séparation des patrimoines s'évanouit, dès que les immeubles de la succession ont été aliénés par l'héritier. A l'égard des immeubles, dit l'art. 880, l'action peut être exercée tant qu'ils existent dans la main de l'héritier. Ce texte semble formel, mais il n'est pas le seul ; au titre des privilèges et hypothèques, le Code civil s'est occupé une seconde fois de la matière de la séparation des patrimoines, et il renferme un article fameux par les difficultés nombreuses, dont il est la source. Au nombre des controverses difficiles, que soulève l'art. 2111, se trouve celle qui concerne le droit de suite. Le privilège de la séparation des patrimoines engendre-t-il un droit de suite ?

Les avis sont très partagés sur la solution de cette question qui divise la doctrine et la jurisprudence. La Cour de Cassation a eu à se prononcer pour la première fois en 1870 (25), et elle a consacré le système qui admet le droit de suite. Nous allons exposer tout d'abord les précédents historiques :

Droit romain : Dans la loi (1 § 3 *De separationibus*) Ulpien dit que les créanciers de l'héritier, qui ont obtenu une hypothèque sur les biens de la succession, sont primés par les créanciers même purement chirographaires du défunt, qui ont demandé et obtenu la séparation des patrimoines ; mais dans la loi 2 (Dig. eod. tit.), il apparaît bien clairement que la séparation des patrimoines n'empêchait pas les aliénations. Il n'y a donc, en droit romain, qu'un droit de préférence ; pas de droit de suite. Ces solutions paraissent contradictoires, mais elles sont logiques ; car la séparation des patrimoines n'est qu'un remède au préjudice causé par la confusion du patrimoine du défunt et de celui de l'héritier. La loi n'accorde aux créanciers que le droit de conserver la situation, qu'ils auraient encore sans la mort du défunt. C'est son seul but ; or si le *de cujus* était vivant, il aurait le droit d'aliéner les biens ; mais les créanciers de l'héritier, c'est-à-dire d'un étranger, n'auraient pas concouru avec ses propres créanciers.

(25) Cassation, 27 juillet 1870. — Sirey, 1872, I, 153.

Ancien droit : L'ancien droit a conservé les mêmes principes et les mêmes solutions. Lebrun donne les mêmes effets à la séparation (26). Les aliénations consenties par l'héritier sont opposables aux créanciers séparatistes, à moins qu'elles n'aient été frauduleuses ; ce qui, d'ailleurs, est tout aussi vrai, du vivant du *de cujus*, en vertu des principes de l'action Paulienne. Le droit de suite n'est donc pas introduit par notre ancien droit ; ce qui n'empêche pas les anciens auteurs de qualifier la séparation des patrimoines de privilège, dénomination qui n'implique pas nécessairement, essentiellement, l'existence d'un droit de suite.

Droit intermédiaire : Sous l'empire de la loi du 11 brumaire an VII, il n'y a pas encore de droit de suite ; il est impossible de découvrir la trace d'une innovation sur ce point dans la législation intermédiaire sur les privilèges et hypothèques.

Le Code civil a-t-il rompu avec la tradition ? a-t-il consacré une doctrine nouvelle, qui ferait rentrer la séparation des patrimoines dans le droit commun des privilèges immobiliers, en lui attribuant le double effet du droit de préférence et du droit de suite ? ou bien le droit de préférence est-il encore le seul effet de la séparation des patrimoines ? Telle est la question, dégagée de ses précédents historiques ; sur ce terrain, les deux systèmes opposés produisent des arguments que nous allons discuter.

Premier argument. — L'art. 2111 appelle *privilège* le bénéfice de la séparation des patrimoines ; or, aux termes des art. 2166 et 2185, le privilège sur les immeubles confère le droit de suite et le droit de surenchère ; donc la séparation des patrimoines confère ce double droit.

(26) Lebrun, *Traité des successions,* liv. IV, ch. II, sect. I.

Sans doute, les rédacteurs du Code ont voulu qualifier la séparation des patrimoines de *privilége ;* mais le droit de suite n'est pas de l'essence des priviléges et hypothèques (27) ; il n'est que de leur nature, et l'on conçoit très bien que le législateur ait emprunté à l'ancienne législation un privilège immobilier attributif d'un simple droit de préférence. Les privilèges mobiliers n'emportent, en principe, que le droit de préférence ; exceptionnellement ils confèrent un droit de suite : c'est l'inverse pour les privilèges sur immeubles. « Ces derniers, comme le dit très bien Merlin, font sur l'immeuble affecté une impression qui ne s'efface nullement par sa transmission de la main du débiteur dans des mains étrangères, *à l'exception* du privilège de la séparation des patrimoines, qui s'évanouit dès l'instant où les biens sont sortis de la main de l'héritier ». (28).

Cette exception est fondée sur trois raisons :

(*a*) Les anciens auteurs auxquels le Code a emprunté ses règles sur la séparation de biens, notamment Lebrun (*Traité des successions*, liv. IV, ch. II, sect. I, n° 13) appellent ce bénéfice un privilège, et cependant il est certain qu'il ne conférait pas un droit de suite (Lebrun, *loc. cit.* n° 25.)

(*b*) L'art. 2111, sur lequel s'appuie la doctrine contraire, reproduit cette expression de nos anciens auteurs, mais il a soin d'ajouter que les règles de ce bénéfice ou privilège sont exposées au titre des successions dans les art. 878 et suivants ; or, parmi ces articles auxquels renvoie l'art. 2111, il en est un, l'article 880, qui s'exprime formellement pour le maintien des principes anciens : « A l'égard des immeubles, l'action peut être intentée, *tant qu'ils existent dans la main de l'héritier.* » Est-il possible d'ex-

(27) Pont, *loc. cit.*, n° 251 et n° 299.

(28) Merlin, *Répertoire* au mot *Priviléges de créance*, sect. IV, § 7.

clure plus formellement l'exercice du droit de suite?

(c) Enfin, le même art. 2111, autour duquel s'agite la controverse, est placé dans une section, où le Code ne s'occupe que du droit de préférence ; la séparation des patrimoines ne figure pas dans la section IV qui énumère les privilèges immobiliers, précisément parce que dans cette section le Code vise aussi bien le droit de suite que le droit de préférence, et que la séparation des biens ne procure pas le droit de suite. (29)

Deuxième argument. — Aux termes de l'art. 2111, aucune hypothèque ne peut être utilement consentie par l'héritier sur les immeubles héréditaires dans les six mois du décès ; il n'est pas admissible que l'héritier ait pu, par une vente, anéantir un droit qu'il n'aurait pu entamer par une hypothèque. M. Demolombe développe avec force cet argument : « La séparation des patrimoines, dit-il, repose essentiellement sur ce principe que, l'héritier ne pouvant pas s'approprier les biens de la successions avant que les créanciers du défunt et les légataires aient été d'abord payés sur le prix de ces biens qui sont leur gage, ceux qui ne sont que les ayants-cause de l'héritier ne peuvent avoir sur les biens de la succession plus de droits que l'héritier lui-même. Or les acquéreurs sont, tout aussi bien que les créanciers, des ayants-cause de l'héritier ; donc la logique même exige que les acquéreurs, qui tiennent leurs droits de l'héritier, n'aient pas, à l'encontre des créanciers du défunt et des légataires plus de droits que ces créanciers (30). » En somme, l'argument se réduit à ceci : l'on s'étonne que la loi respecte les aliénations consenties par l'héritier, lorsqu'elle ne tient pas compte des concessions d'hypothèques, qui sont des actes d'une moins grande gra-

---

(29) Aubry et Rau, § 619, note 78.

(30) Demolombe, *Des successions,* tome V, p. 226, nᵒˢ 208 et 209.

vité, et l'on conclut à l'assimilation complète des créanciers hypothécaires et des acquéreurs, qui ont traité dans les six mois du décès avec l'héritier. — Mais cette différence établie entre les aliénations et les concessions d'hypothèques n'est pas nouvelle dans le Code civil ; l'art. 860 combiné avec l'art. 865 nous en donne un exemple bien frappant. Nous sommes dans la matière du rapport. Un héritier, tenu de rapporter, a aliéné l'immeuble rapportable avant l'ouverture de la succession ; l'article 860 respecte cette aliénation ; le rapport se fera en moins prenant. Le même héritier, toujours avant l'ouverture de la succession, a concédé une hypothèque sur l'immeuble ; le rapport s'effectuera en nature, et l'hypothèque s'évanouira. *L'hypothèque est éteinte, l'aliénation est respectée.* L'article 2111 donne une décision analogue et qui est parfaitement justifiable. « Une hypothèque, écrit M. Labbé, un droit de préférence, conférés à un créancier de l'héritier, préjudicient notablement aux créanciers du défunt. La somme, qu'ils auront à se répartir, sera absorbée ou considérablement diminuée. Une aliénation, une vente faite de bonne foi est beaucoup moins nuisible aux créanciers héréditaires, qui se paieront sur le prix. Sans doute le prix peut être un peu inférieur à la valeur de l'immeuble ; mais cela n'est pas fort à craindre, si le prix énoncé est sincère, et il le sera le plus souvent ; car l'héritier, en vendant au-dessous de la valeur, se cause à lui-même un tort aussi grand que celui éprouvé par les créanciers » (31).

Troisième argument. — Le droit de suite est indispensable, pour que la garantie, que la loi a voulu accorder aux créanciers du défunt soit sérieuse et efficace; la consé-

---

(31) Labbé, *Note de Sirey*, 1872, 1, 154. — *Sic,* Aubry et Rau, V, § 619, note 57 *in fine.*

quence de l'absence du droit de suite serait que, nonobstant l'inscription prise en temps utile, la séparation des patrimoines resterait sans effet, en ce qui concerne les immeubles aliénés, dont le prix aurait été payé (32) ; il est impossible de l'admettre sous peine de rendre tout à fait illusoire le privilège de la séparation des patrimoines.

Sans doute, le droit de préférence des créanciers du défunt sera sérieusement compromis par l'aliénation de l'immeuble, mais il leur est possible d'éviter la déchéance de ce droit au moyen de mesures conservatoires indépendantes du droit de suite. *a*) Les créanciers du défunt, s'ils sont prudents, surveilleront l'héritier ; ils tâcheront de connaître l'aliénation de l'immeuble héréditaire, et s'empresseront de former entre les mains du tiers acquéreur une saisie-arrêt, qui leur permettra d'exercer utilement le droit de préférence sur le prix de la vente ; il suffira pour cela qu'ils aient pris leur inscription avant l'expiration du délai de six mois indiqué dans l'art. 2111. *b*) L'action paulienne fournira quelquefois aux créanciers du défunt un véritable droit de suite contre les tiers acquéreurs complices de la mauvaise foi de l'héritier vendeur. *c*) Enfin, il y a un moyen bien simple pour les créanciers chirographaires du défunt de se procurer un droit de suite, c'est de demander aux héritiers une hypothèque. Mais nous n'irons jamais jusqu'à dire, avec M. Dufresne (33), que le paiement du prix de l'immeuble aliéné, fait entre les mains de l'héritier, serait non avenu à l'encontre des créanciers du défunt, qui auraient conservé leur droit de préférence par une inscription prise dans les six mois du décès. Il est inexact en effet de prétendre que le droit de préférence peut s'exercer contre

(32) Aubry et Rau, V, § 619, note 67, p. 503.

(33) *Traité de la séparation des patrimoines*, n° 89.

un tiers acquéreur ; il ne s'exerce qu'à l'encontre d'autres
créanciers ; il y a là une confusion certaine entre le droit
de suite qui est dirigé contre les tiers acquéreurs, et le
droit de préférence, qui peut bien se transporter sur le
prix de l'aliénation, mais ne peut lier l'acheteur lui-même
que si une saisie-arrêt est venue lui donner cette force ;
mais alors il est facile de voir, que l'obligation pour l'acquéreur de conserver le prix résulte de la saisie-arrêt, et
non des principes sur lesquels est fondé le droit de préférence.

Quatrième argument. — Aux termes de l'art. 2113, les
privilèges, qui n'ont pas été conservés par une inscription
prise en temps utile, dégénèrent en de véritables hypothèques, qui ne datent à l'égard des tiers que du jour où l'inscription a eu lieu. Cette disposition s'applique au privilége
de la séparation des patrimoines comme aux autres priviléges immobiliers, pour lesquels la publicité est requise
(Pont, n° 307). Comment pourrait-on admettre que les
créanciers, qui n'ont pas incrit en temps utile, jouissent du
droit de suite et du droit de préférence attachés à l'hypothèque, tandis que les créanciers diligents seraient frus-
trés par des aliénations qu'ils ne pourraient empêcher?

Sans doute, il y aurait contradiction à admettre ces
deux solutions, mais rien ne nous y oblige. L'art. 2113
reçoit une explication très satisfaisante dans notre théorie.
Le bénéfice de la séparation, inscrit dans les six mois, a
l'effet d'un privilége à l'encontre des créanciers de l'héritier ; il prime tous les créanciers de l'héritier même hypothécaires, sans distinction des dates de leurs hypothèques.
Inscrit après ce délai, ce bénéfice n'a plus, à l'égard des
mêmes créanciers, que l'effet d'une hypothèque opposable
aux créanciers de l'héritier, inscrits postérieurement. Mais
dans un cas comme dans l'autre, ce bénéfice n'entraîne au-

cun effet contre les tiers acquéreurs, parce que cela n'est pas dans sa nature. « Il est en effet peu rationnel, comme dit M. Labbé (*loc. cit.*), de puiser dans un article destiné à faire dégénérer un droit une raison pour doubler son énergie.»

Cinquième argument. — La Cour de cassation s'est prononcée en faveur de l'existence du droit de suite dans l'arrêt du 27 juillet 1870; elle donne deux arguments. L'un d'eux a déjà été réfuté; l'autre, qui prétend attaquer la base même de notre opinion, contenue dans l'art. 880, peut se formuler ainsi : Aux termes de l'art. 880, la séparation des patrimoines peut être demandée sur les immeubles de la succession tant qu'ils se trouvent dans les mains de l'héritier; or, l'inscription de l'art. 2111 constitue une véritable demande, un exercice de la séparation des patrimoines auquel ne peut préjudicier une aliénation postérieure. Il résulte seulement du texte de l'article 880, disait déjà la Cour d'Orléans (34), que l'héritier propriétaire jusqu'à la demande peut aliéner, que les tiers de bonne foi peuvent acquérir, mais que, du jour *de l'inscription ou de la demande,* il ne peut valablement aliéner un bien frappé d'hypothèque. — Cette assimilation entre l'inscription et la demande est une erreur ; car l'inscription n'est qu'un moyen de publicité, une formalité conservatoire du privilège, nécessaire pour qu'il puisse s'exercer dans la procédure d'ordre. Le privilège ainsi publié doit s'exercer selon sa nature, déterminée par l'art. 880 ; or cet article ne permet plus son exercice, lorsque l'immeuble a été vendu ; donc les créanciers héréditaires ne peuvent critiquer une aliénation consentie sans fraude par l'héritier.

B. *Nature du droit de préférence qui résulte de la séparation des patrimoines.* — Nous avons démontré que la séparation des patrimoines ne conférait qu'un droit de

(34) Cour d'Orléans, 22 août 1840 (Sirey, 41, 2, 514).

préférence ; mais quelle est la nature de ce droit ? A qui est-il opposable ? Cette question est facilement résolue, si l'on se reporte aux principes admis dans l'ancien droit et consacrés par notre Code civil. La préférence, résultant de la séparation des patrimoines, s'exerce uniquement contre les créanciers de l'héritier, elle est complètement étrangère aux rapports réciproques des créanciers du défunt et des légataires. Cette proposition est, à notre avis, formellement consacrée 1° par l'art. 878, qui donne l'action en séparation des patrimoines aux créanciers du défunt ou aux légataires contre *tout créancier* de l'héritier ; 2° par l'art. 2111, qui insiste sur cette lutte engagée entre les créanciers du défunt et les légataires d'une part, et de l'autre les créanciers de l'héritier. Les créanciers et légataires, dit-il, qui demandent la séparation des patrimoines, conservent *à l'égard des créanciers des héritiers* leur privilège, etc.

En présence de ces textes, qui paraissent si clairs, et dont le sens s'impose, déterminé par une tradition constante, quelques jurisconsultes ont pourtant soutenu une thèse contraire. Blondeau prétend que le créancier héréditaire ou le légataire, qui a requis l'inscription de l'art. 2111 dans le délai de six mois, doit l'emporter non seulement sur les créanciers de l'héritier, mais encore sur les créanciers du défunt ou les légataires, qui n'ont pas conservé leur privilège par une inscription prise en temps utile ; il se fonde sur les raisons suivantes : *a*). Il établit que la séparation des patrimoines, sous l'empire du Code civil, est une séparation non plus collective comme en droit romain, mais purement individuelle ; *b)* il ajoute que l'acceptation pure et simple de la succession a rendu les créanciers du défunt et les légataires créanciers de l'héritier ; *c)* de la combinaison de ces deux idées il conclut que la séparation des patrimoines, inscrite en temps utile par un créancier du défunt ou un légataire, lui profite à lui seul exclusivement et, par suite, nuit aux créanciers de l'héritier, quels qu'ils soient, d'où qu'ils viennent ; ce qui comprend les créanciers du défunt et les légataires qui sont aussi *des créanciers de l'héritier ; d)* enfin, le même auteur corrobore le raisonnement qui précède, en invoquant l'art. 2146, duquel il résulte *a contrario* que les créanciers d'une succession acceptée purement et simplement peuvent acquérir des droits de préférence les uns au détriment des autres.

Il est vrai que, chez nous, la séparation des patrimoines est individuelle ; mais cela signifie simplement que ceux-là seuls pourront invoquer le privilège, qui l'auront conservé en remplissant les formalités légales. Il serait illogique d'en conclure, que les créanciers et légataires négligents peuvent se voir opposer le privilège, contrairement aux textes des art. 878 et 2111, qui, nous l'avons vu, sont formels en notre sens. On objecte que ces articles ne peuvent trancher la question ou même se retournent contre nous, puisque l'acceptation pure et simple de l'héritier a fait des créanciers du défunt ou des légataires, qui n'ont pas demandé la séparation de biens, de véritables créanciers de l'héritier. Nous croyons qu'il y a là une exagération et que les textes précités emploient les expressions, *créanciers de l'héritier*, dans le sens de créanciers personnels, particuliers de l'héritier, par opposition précisément aux créanciers du défunt et aux légataires. Enfin, l'art. 2146, invoqué par la doctrine contraire, nous paraît étranger à la question. Sans doute, dans le cas d'une acceptation pure et simple, il est possible à tout créancier de la succession de se créer une cause de préférence opposable aux autres créanciers héréditaires ; mais cette cause de préférence ne sera pas obtenue à l'aide d'une demande en séparation de patrimoines. Le texte ne se place pas dans cette hypothèse ; il suppose que pas un des créanciers ou des légataires n'a demandé la séparation des patrimoines, et il permet à tout créancier de la succession de se créer une situation préférable à celle de ses co-créanciers, en obtenant de l'héritier ou contre lui des hypothèques conventionnelles ou judiciaires, qu'il lui sera loisible de faire inscrire (art. 2146, C. civ.).

Notre doctrine sur la nature du droit de préférence, qui résulte de la séparation des patrimoines, entraîne les conséquences suivantes :

1° Tous les créanciers du défunt, ainsi que les légataires, ont pris inscription dans les six mois de l'ouverture de la succession. Ils seront tous payés *à l'exclusion de tous les créanciers de l'héritier*, même des créanciers hypothécaires qui auraient inscrit leur hypothèque dans le délai de six mois et avant eux, en vertu de la rétroactivité attachée à l'inscription par l'art. 2144 du Code civil. Les créanciers du défunt, qui n'auront pas de causes spéciales de préférence, concourront entre eux ; mais les légataires ne pourront être désintéressés qu'après ces créanciers à cause du principe si rationnel : « *Nemo liberalis nisi liberatus.* »

2° Des créanciers du défunt ont inscrit dans les six mois, d'autres après ; ils auront tous le même droit ; car ils n'ont entre eux aucune situation privilégiée, résultant de la séparation des patrimoines ; si donc il n'y a pas de créanciers de l'héritier, ayant inscrit leur hypothèque avant la seconde série des créanciers du défunt, il n'y a pas de difficulté ; tout se passe comme dans le 1°. Mais l'hypothèse se complique, lorsque entre des créanciers du défunt, inscrits les uns avant les autres après le délai de six mois de l'art. 2111, est venu se placer un créancier hypothécaire de l'héritier. — Prenons un exemple : Supposons qu'un immeuble héréditaire a été vendu 30,000 francs, et que ce prix doive être distribué entre Primus, créancier du défunt inscrit dans les six mois pour 30,000 fr., Secundus créancier hypothécaire de l'héritier inscrit pour 40,000 fr., et Tertius créancier du défunt inscrit le dernier après les six mois pour 60,000 fr. Comment allons-nous faire la distribution ? Il nous faut tenir compte des deux idées suivantes : *a)* Primus, inscrit dans les six mois, doit l'emporter sur Secundus, lequel, à son tour, doit primer le créancier du défunt Tertius, qui n'a pas inscrit dans les six mois ; *b)* mais la situation des deux créanciers du défunt, Primus et Tertius, ne doit en aucune façon être changée, parce que la séparation des patrimoines n'influe pas sur leurs rapports respectifs. Primus ne peut donc profiter de cette circonstance, que Tertius a compromis son droit de préférence, en ne s'inscrivant pas dans les six mois de l'ouverture de la succession. — Par application de cette seconde idée, Primus ne peut avoir plus qu'il aurait eu, si Tertius avait pris utilement inscription ; nous lui attribuerons donc 10,000 fr. Par application de la première, Secundus doit l'emporter sur Tertius et recevoir sa créance intégrale ; nous lui attribuerons aussi 10,000 fr. ; ce qui reste, c'est-à-dire 10,000 fr., reviendra à Tertius. Si nous changions un peu l'espèce, et que nous supposions Secundus créancier hypothécaire inscrit pour 20,000 fr., les 30,000 fr., résultant de la vente de l'immeuble héréditaire, seraient absorbés par Primus et Secundus, de sorte que Tertius n'aurait absolument rien à prétendre. (35)

(35) *Sic :* Aubry et Rau, VI, § 619 note 51. — Dufresne, *Traité de la séparation des patrimoines,* n°s 106 et 108.

CHAPITRE III

SECTION I

Des privilèges sur les immeubles.

§ 1er. — Privilèges généraux de l'article 2101.

Les créances privilégiées de l'art. 2101 du Code civil, c'est-à-dire les frais de justice, les frais de dernière maladie, les salaires des gens de service et les fournitures de subsistances, s'exercent principalement sur le prix de la vente des meubles, mais à défaut de meubles suffisants, et, à titre subsidiaire, sur le prix des immeubles du débiteur, en concurrence, dit l'art. 2105, avec les créanciers privilégiés sur les immeubles. Les privilèges généraux de l'art. 2101 sont donc à la fois des privilèges mobiliers et immobiliers. En tant que privilèges portant sur des immeubles, ils confèrent le double droit de préférence et de suite.

Aux termes de l'art. 2107, les privilèges généraux immobiliers sont exceptés de la formalité de l'inscription, exigée par l'art. 2106, pour que les privilèges sur les immeubles produisent un effet entre les créanciers. La conservation du droit de préférence n'est pas, en ce qui les concerne, subordonnée à la publicité de l'inscription, probablement parce qu'ils garantissent des créances d'une minime importance, et qui empruntent une certaine notoriété aux circonstances spéciales de leur naissance. Les créanciers qui jouissent de tels privilèges peuvent donc, indépendamment de toute inscription, produire dans l'ordre ouvert pour la distribution du prix des immeubles du débiteur, et obtenir leur paiement préférablement à tous autres créanciers. Leur priorité, à l'égard des créanciers hypothécaires, se fonde sur l'article 2095, et, à l'égard des créanciers privilégiés de l'article 2103, sur la disposition formelle de l'art. 2105 ; peu importe d'ailleurs, que l'ordre ait été ouvert à suite d'une vente amiable ou d'une expropriation forcée.

La généralité des termes de la loi, soit que l'on considère l'art. 2166, soit que l'on s'attache à l'art. 6 de la loi du 23 mars 1855, ne permet pas de dire que la conservation du droit de suite, résultant des privilèges généraux, est indépendante de l'inscription. Les privilèges restent soumis à cette formalité vis-à-vis des tiers-acquéreurs, qui ne peuvent être inquiétés, si une inscription n'a pas été prise en temps utile. Sous l'empire du Code civil modifié par le Code procédure (art. 834), elle pouvait être prise jusqu'à la transcription de l'aliénation et dans la quinzaine qui suivait cette transcription. L'art. 6 de la loi de 1855 dispose, que l'inscription doit avoir lieu avant la transcription de l'acte d'aliénation de l'immeuble grevé ; cette transcription arrête le cours des inscriptions.

De la combinaison des deux propositions qui précèdent, il résulte que la conservation du droit de suite est soumise à une condition qui n'est pas requise pour la conservation du droit de préférence. La différence de réglementation de ces deux droits ne se conçoit, que si l'on admet leur séparation, leur distinction. Dans notre hypothèse, cette distinction se traduit pratiquement par une survie du droit de préférence au droit de suite. Tandis que ce dernier est éteint, s'il n'est pas conservé par une inscription régulière,

le droit de préférence survit à la transcription de l'aliénation. (1) Cette solution nous paraît incontestable ; on peut
cependant soulever les objections suivantes :

Première objection. Sans doute la conservation du droit
de préférence est dispensée d'inscription, lorsque l'immeuble grevé reste entre les mains du débiteur, mais il
n'en est plus de même lorsque l'immeuble a été aliéné. La
transcription de l'aliénation, dit l'art. 3 de la loi de 1855,
peut être opposée aux tiers, qui ont acquis des droits sur
l'immeuble, mais ne les ont pas conservés. Rien n'autorise
la distinction que l'on veut établir entre le droit de suite et
le droit de préférence. — La réfutation de cette objection
nous semble contenue dans l'art. 3 lui-même, ainsi conçu :
« Jusqu'à la transcription, l'aliénation ne peut être opposée aux tiers, qui ont acquis des droits sur l'immeuble
et les ont conservés conformément aux lois. » Les créanciers privilégiés de l'art. 2101 sont des tiers, qui ont
acquis un droit de suite et un droit de préférence, auxquels
l'aliénation, suivie de transcription, ne peut porter
atteinte, *s'ils ont été conservés conformément aux lois.*

Mais ces lois, auxquelles renvoie l'art 3, ne sont autre
chose que le Code civil, lequel dispense formellement de la
formalité de l'inscription la conservation du droit de préférence (art. 2107), tout en laissant le droit de suite sous
l'empire du droit commun de la publicité (art. 2166). L'art.
3 est donc favorable à notre opinion. Si le privilège n'a
pas été inscrit la transcription de l'aliénation fait disparaître le droit de suite, dont la conservation est subordonnée par le Code civil à la nécessité de l'inscription, mais ne

(1) Aubry et Rau, § 269, p. 300. — Pont, *Priv. et hyp.*, n° 1122. —
Troplong, *De la transcription*, n° 283. — Rivière et Huguet, *Questions
sur la transcription*, p. 233 et suiv. — Flandin, *De la transcription*, II,
1028.

porte aucune atteinte au droit de préférence, que le même Code a dispensé de cette formalité conservatoire.

Seconde objection. L'art. 6 de loi de 1855 a implicitement abrogé l'art. 2107 du Code civil, en décidant qu'à partir de la transcription les créanciers privilégiés ne peuvent prendre *utilement* inscription. Ce mot *utilement* ne souffre aucune distinction entre le droit de suite et le droit de préférence. — Cette objection assez sérieuse exagère beaucoup la portée de l'art. 6 de la loi de 1855. Cet article n'a pas été fait pour déterminer dans quels cas les privilèges sur les immeubles sont soumis à la formalité de l'inscription ou en sont dispensés ; il se réfère à cet égard au Code civil, et signifie seulement que si, d'après ce Code, une inscription est nécessaire pour conserver soit le droit de préférence soit le droit de suite, cette inscription devra être prise avant la transcription de l'aliénation. En aucune façon, il ne peut être considéré comme ayant exigé une inscription pour conserver un droit de préférence, que le Code civil en dispense formellement (art. 2107). Tel est, à notre avis, le sens exact de cette disposition importante que nous aurons l'occasion de retrouver à plusieurs reprises au cours de cette étude.

Ainsi l'immeuble, affecté d'un privilège général non inscrit en temps utile, demeure entre les mains du tiers acquéreur libre et purgé de ce privilège ; mais le droit de préférence a survécu, et il pourra être exercé utilement dans l'ordre, conformément aux règles de la procédure.

Grenier (2) adopte notre opinion, mais il subordonne l'exercice du droit de préférence dans l'ordre à la formalité de l'inscription ; « Quoique le défaut d'inscription, dit cet auteur, affranchisse l'immeuble, les créanciers privilégiés pourront néanmoins se présenter à l'ordre pour

(2) Grenier, *Traité des hypothèques*, II, 457.

y être colloqués, après avoir pris toutefois une inscription
avant l'ouverture de l'ordre ; ce qui d'ailleurs concerne
uniquement les créanciers ». — Cette modification a été rejetée par tous les interprètes. En effet, puisqu'il s'agit d'une
collocation dans l'ordre, et que le droit de préférence est
seul en question, il faut lui appliquer les dispositions qui
le concernent, et notamment l'art. 2107, qui le soustrait à
la nécessité de l'inscription d'une manière absolue. Au
surplus, on ne comprendrait pas l'utilité d'une inscription
dont les frais retomberaient sur les autres créanciers.

Mourlon (3) propose une distinction ingénieuse, mais qui
manque de tout fondement juridique. Dans sa pensée, le
défaut d'inscription entraînerait la déchéance du droit de
préférence, comme celle du droit de suite, si tel était l'intérêt du tiers-acquéreur ; il n'admet la survie du droit de
préférence que si elle n'est pas préjudiciable à l'acquéreur.
— Pour justifier cette distinction, Mourlon suppose la do-
nation d'un immeuble, grevé d'un privilège général et
d'une hypothèque. Le créancier muni du privilège, qui garantit une créance de 5000 fr., n'a pas requis l'inscription
en temps utile, tandis que le créancier hypothécaire pour
une somme de 2500 fr. a conservé régulièrement tous ses
droits. Le donataire veut purger ; il est à l'abri des poursuites du créancier privilégié, Primus ; il veut se soustraire à celles du créancier hypothécaire Secundus. Il offre
donc à ce dernier le paiement intégral de sa créance, c'est-
à-dire 2500 fr. Si Primus, quoique non inscrit, peut revendiquer le droit d'être payé avant Secundus sur la
somme qui lui est offerte, Secundus, voyant cette somme
lui échapper, n'acceptera pas les offres qui lui sont faites ;

(3) Mourlon, *De la transcription*, II, 289 et 382. — Rivière et Huguet,
loc. cit., p. 234. Ces auteurs réfutent la théorie de Mourlon, soutenue par
lui une première fois dans son *Examen critique*, p. 842 et suivantes.

il recourra à la surenchère, pour peu qu'il espère obtenir par cette voie un prix supérieur aux 2500 fr., que le donataire lui offre. Ce dernier se trouvera donc dépossédé par l'effet indirect d'un droit que la loi déclare éteint. Le même raisonnement peut s'appliquer à la vente de l'immeuble, si le prix est inférieur au montant des deux créances de Primus et de Secundus, parce que ce dernier, voyant Primus lui enlever une partie de sa créance en vertu de son droit de préférence, aura intérêt à surenchérir, en sorte que le tiers-acquéreur se trouve encore, dans ce cas, victime d'une *quasi-résurrection* d'un droit de suite bien et dûment éteint.

Cet argument nous semble complètement déplacer la difficulté. Primus a perdu son droit de suite, mais son droit de préférence a survécu ; tel est le principe que Mourlon reconnaît avec nous. Il s'agit donc de savoir si, oui ou non, l'intervention du droit de préférence de Primus, qui a pour conséquence naturelle l'exercice du droit de surenchère par le créancier hypothécaire Secundus, entraîne une résurrection de son droit de suite. Ainsi posée, la question nous semble résolue. Le droit de préférence est en effet seul en jeu dans la procédure d'ordre. Sans doute, Secundus n'aurait pas surenchéri, si Primus ne lui avait pas enlevé une part des sommes offertes par le tiers-acquéreur ; mais qu'importe ? Secundus, en usant de la faculté de surenchérir, attachée à son droit d'hypothèque, n'use pas, j'imagine, du droit de suite de Primus. Il exerce son propre droit de suite ; de celui de Primus, il n'en est nullement question, et nous avouons ne pas comprendre, en droit pur, cette *quasi-résurrection* d'un droit de suite éteint. Le droit de suite de Primus est-il exercé par Secundus ? non, évidemment ; est-il exercé par Primus lui-même ? pas davantage, puisque la production à l'ordre ne constitue que l'exercice du droit de préférence. Les rapports respectifs de Primus et de Secundus réagissent contre l'acquéreur, c'est possible ; mais cela ne suffit pas pour dire que le droit de suite de Primus revit, et s'exerce à son détriment. Au surplus, l'intérêt du tiers-acquéreur n'est pas plus favorable que celui du créancier privilégié général ; en effet, la loi dit à ce dernier : Je dispense votre privilège de la formalité de l'inscription ; puis l'aliénation, suivie d'une transcription immédiate lui enlève le droit de suite, peut-être même avant qu'il ait eu le temps de prendre ses mesures (art. 6 de la loi de 1855). La seule justification, qui puisse être donnée de cette déchéance, est la suivante : « Il est rare que pour les créances modiques de l'art 2101 et qui viennent les premières, le droit de suite soit exercé ; il n'est donc pas très nuisible à ces créanciers de perdre ce droit faute d'inscription, *puisque le droit de préférence survit* (4). »

§ 2. — Privilège du vendeur d'immeubles

Aux termes de l'article 2108 , le vendeur conserve son privilège, indépendamment de toute inscription, par la transcription du titre translatif de la propriété, qui constate que tout ou partie du prix est encore dû ; il importe peu que cette formalité ait été remplie par les soins du vendeur lui-même ou à la diligence de l'acheteur. Le vendeur peut aussi conserver son privilège au moyen d'une inscription sans recourir à la transcription. Lorsque le privilège est conservé par la transcription de l'acte de vente, le conservateur des hypothèques est tenu, sous peine de responsabilité à l'égard des tiers, de faire une inscription d'office des créances résultant du contrat au profit du vendeur. La loi ne fixe pas le délai dans lequel les formalités de la

---

(4) Troplong, *Transcription,* n° 283.

transcription ou de l'inscription doivent être accomplies, en
ce qui concerne le droit de préférence. Elle s'explique, au
contraire, bien formellement sur le délai dans lequel le droit
de suite doit être conservé. Avant la loi du 23 mars 1855,
sous l'empire du Code civil, modifié par l'article 834 du
Code de procédure, le vendeur avait la faculté de conserver
son privilège contre les tiers acquéreurs jusqu'à la transcription de l'acte de revente et dans les quinze jours qui
suivaient cette transcription. L'article 6 de la loi du 23 mars,
après avoir posé en principe que les créanciers hypothécaires et privilégiés ne peuvent plus s'inscrire utilement
après la transcription de l'aliénation de l'immeuble grevé,
fait une exception pour le vendeur et le copartageant. Le
vendeur, qui nous occupe seul en ce moment, pourra conserver son privilège, malgré toute transcription d'un acte
de revente, dans les quarante-cinq jours qui suivront la
vente qu'il a consentie.

Ceci posé, nous devons résoudre la question suivante :
L'article 6 de la loi du 23 mars 1855, qui prononce la déchéance du privilège du vendeur non inscrit dans les
quarante-cinq jours de la vente, s'applique-t-il au droit de
suite seul ? ou bien entraîne-t-il à la fois la perte du droit
de suite et du droit de préférence ? En d'autres termes, y
a-t-il une survie du droit de préférence au droit de suite,
lorsque le délai des quarante-cinq jours s'est écoulé sans
inscription du privilège du vendeur ?

Avant l'abrogation de l'article 834 du Code de procédure, la question était sérieusement controversée. Delvincourt soutenait que l'article 834 n'avait entendu régler que
le droit de suite et les moyens de le conserver, et qu'il ne
s'occupait nullement du droit de préférence, toujours soumis aux dispositions de l'article 2108 (C. civ.). Il appuyait
d'ailleurs son opinion sur les termes mêmes de l'art. 834 ;

à son avis, ces expressions, *sans préjudice des autres droits
résultant de l'article 2108 en faveur du vendeur*, signi-
fiaient que le vendeur, déchu de son droit de suite par le
défaut d'inscription dans la quinzaine de la transcription,
conservait encore la faculté de conserver son droit de
préférence, conformément au Code civil (art. 2108). « La
loi, dit cet auteur, n'ayant pas fixé de délai pour l'inscription du privilège du vendeur, il le conserve, à l'égard des
créanciers de l'acquéreur jusqu'à la clôture de l'ordre » (5).
Cette opinion était repoussée par la Cour de cassation et
par plusieurs auteurs, qui se prononçaient en faveur de la
déchéance simultanée du droit de suite et du droit de préférence. On répondait à l'argument tiré de l'article 834,
que les derniers mots de ce texte renvoyaient à la disposition exceptionnelle de l'article 2108, en vertu de laquelle la
transcription vaut inscription pour le vendeur. « Le droit,
attribué au privilège du vendeur par l'art. 2108, consiste
en ce que ce privilège est conservé par la transcription
du titre d'aliénation, qui vaut inscription pour le vendeur. » (Tarrible, *Transcription*, p. 108, col. 2). On ajoutait
que, l'art. 2108 ne fixant aucun délai pour l'inscription du
privilège du vendeur, il n'y avait aucune raison de penser,
que l'art. 834 du C. p. avait voulu faire une distinction
entre les créanciers et le tiers acquéreur.

Depuis la loi du 23 mars 1855, qui a abrogé l'article 834
du C. pr., la controverse a perdu l'un de ses éléments les
plus importants ; mais, en faveur du système de Delvincourt, c'est-à-dire de la survie du droit de préférence, on
pourrait argumenter de la distinction du droit de suite et
du droit de préférence. On pourrait faire le raisonnement

(5) Delvincourt, tome III, p. 248, notes. — *Contra* : Troplong, *Priv.
et hyp.*, nos 282 et 283. — Zachariæ, II, § 273. — Dalloz, *Rép.*, vo *Priv.
et hyp.*, no 675. — Arrêt de la Cour de cassation du 12 juillet 1824.

suivant. L'article 2108 du Code civil exige l'inscription pour la conservation du privilège du vendeur ; mais elle laisse toute latitude au vendeur, quant au délai dans lequel la formalité conservatoire du droit de préférence doit être accomplie. L'article 6 de la loi du 23 mars 1855 fixe, il est vrai, un délai après lequel l'inscription ne pourra être utilement prise ; mais il résulte de la discussion de la loi que cet article n'a eu pour but que la réglementation du droit de suite. Les conditions de conservation étant différentes pour le droit de préférence et le droit de suite, il doit en résulter nécessairement la survie du premier ; en conséquence, le vendeur pourra inscrire son privilège au point de vue du droit de préférence après l'expiration des quarante-cinq jours de l'art. 6 de la loi de 1855.

Nous ne nions pas la distinction, selon nous évidente, du droit de préférence et du droit de suite ; mais nous croyons qu'elle ne nous oblige nullement à admettre, dans notre hypothèse, la survie du droit de préférence. Comme nous l'avons déjà dit, si la perte du droit de préférence coïncide le plus souvent avec celle du droit de suite, ce n'est point parce que ces deux droits sont si absolument liés l'un à l'autre, qu'ils doivent s'éteindre simultanément, mais parce que, en général, l'existence et l'efficacité du privilège immobilier dépendent, tant à l'égard des autres créanciers que du tiers-acquéreur, d'une seule et même condition essentielle, la publicité réalisée en temps utile. Or, c'est précisément ce qui se produit pour le privilège du vendeur d'un immeuble ; la conservation du droit de préférence et celle du droit de suite sont subordonnées à la même condition, l'inscription en temps utile. Mais quand cette inscription est-elle utilement prise ? l'article 6 de la loi du 23 mars 1855 répond à cette question : « A partir de la transcription, les créanciers privilégiés... ne peuvent prendre *utilement* inscription sur le précédent propriétaire. Néanmoins le vendeur... peut *utilement* inscrire son privi‑ lège dans les 45 jours de l'acte de vente, nonobstant toute transcription d'actes faits dans ce délai. » — On objecte que cet article ne vise que le droit de suite. Cela est vrai en ce sens qu'il ne saurait imposer une inscription, quand le Code civil a dispensé un créancier de cette formalité (6) ; mais quand une inscription a été exigée par le Code civil, elle ne peut être utilement prise que dans les délais de l'article 6, tant au point de vue du droit de préférence que du droit de suite. En résumé, l'art. 6 n'a qu'un but, c'est indiquer dans quel délai, en cas d'aliénation, les créanciers privilégiés doivent requérir l'inscription exigée par le Code civil. Notre solution semble avoir été adoptée par M. de Belleyme dans son rapport au corps législatif. L'article 8 du projet primitif ne faisait aucune distinction entre les créanciers privilégiés ; tous, y compris le vendeur et le copartageant, devaient inscrire leur privilège avant la transcription ; à défaut d'inscription le privilège était *perdu :* « Tout vendeur non payé, dit le rapporteur, devait instantanément faire inscrire son contrat *sous peine de perdre son privilège ;* un retard d'une heure dans l'accom‑ plissement de la transcription pouvait *consommer la spo‑ liation du vendeur.* » Ces expressions énergiques montrent bien que, dans la pensée du législateur, la déchéance por‑ tait sur le privilège considéré dans ses deux effets, le droit de suite et le droit de préférence ; il est évident que l'on ne doit pas donner un autre sens à l'article 6, qui n'est que l'article 8 du projet modifié. Il est vrai qu'il y a une modification ; mais loin d'affaiblir l'argument, elle en aug‑ mente la force. Puisque, dans la pensée du législateur, la déchéance portait sur le droit de suite et le droit de pré‑

(6) Voir plus haut, page 167.

férence, quand il n'était pas possible au vendeur d'éviter la perte de son privilège par suite d'une revente préparée à l'avance et immédiatement transcrite, *a fortiori* cette double déchéance doit-elle se produire après cette modification si favorable, qui permet au vendeur diligent de conserver son privilège par une inscription, que rien ne pourra empêcher avant l'expiration de 45 jours à compter de la vente (7).

§ 3. — Privilège du copartageant

Le copartageant conserve son privilège par une inscription prise dans les 60 jours de l'acte de partage ou de la licitation. Cette disposition de l'art. 2109 est relative à la conservation du droit de préférence. Pendant le délai précité, aucune hypothèque ne pourra avoir lieu au détriment du créancier privilégié ; ce dernier, s'il s'inscrit dans les soixante jours, primera tous les créanciers hypothécaires, qui auraient publié leur hypothèque avant sa propre inscription ; il y a, à son profit, une rétroactivité de l'inscription, qui est la sauvegarde du véritable caractère du privilège (comb. art 2095 et 2106): « Il fallait un délai, écrit M. Colmet de Santerre, fût-il d'une heure, fût-il d'un jour ; on a donné un délai raisonnable et on a pu le faire sans danger, car les tiers sont prévenus par l'article de n'accorder confiance à un copartageant pour les biens qui composent son lot, que lorsqu'il s'est écoulé soixante jours depuis le partage. Le crédit des copartageants est un peu altéré pendant ce court délai, mais le crédit public est assuré par cette précaution »(8). Si le privilège n'est pas publié dans les soixante jours, il dégénère en une simple hypo-

(7) *Sic* : Aubry et Rau, § 278, note 16. — Flandin, *loc. cit.*, II, 1111. Rivière et Huguet, *loc. cit.*, n° 343, p. 237.

(8) Colmet de Santerre, *Cours analytique*, t. IX, p. 122.

thèque, et son rang dépend uniquement de la date de l'inscription (art. 2143).

La conservation du droit de suite est subordonnée aussi à la formalité de l'inscription. Le délai, dans lequel elle doit être accomplie, n'a pas toujours été le même dans notre législation, et le privilège du copartageant a subi, à ce point de vue, les mêmes variations que le privilège du vendeur. Sous l'empire du Code civil, l'inscription du privilège devait précéder l'aliénation de l'immeuble grevé (art. 2166). Le Code de procédure (art. 834) permettait aux créanciers privilégiés ou hypothécaires, dont les droits étaient nés avant l'aliénation, de prendre leur inscription jusqu'à la transcription, et même dans la quinzaine qui suivait cette transcription. L'art. 6 de la loi du 23 mars 1855, abandonnant à la fois les principes du Code civil et ceux du Code de procédure, exige que l'inscription soit prise avant la transcription ; mais à cette règle le même article apporte une double exception. Le vendeur et le copartageant, nonobstant toute transcription de l'acte d'aliénation, ont 45 jours à compter de la vente ou du partage pour inscrire utilement leur privilège (art. 6).

L'art. 2109, cela est certain, règle la conservation du droit de préférence résultant du privilège, tant que l'immeuble grevé est dans le patrimoine du copartageant tenu de la dette garantie par le privilège. Mais, en cas d'aliénation, cette disposition est-elle applicable ? L'inscription, à l'effet de conserver le droit de préférence, peut-elle être prise, malgré la transcription de l'acte d'aliénation, pourvu que le copartageant se trouve encore dans les 60 jours à compter du partage ? Ou bien faut-il dire qu'au cas d'aliénation, l'inscription du privilège du copartageant ne peut être utilement prise, tant au point de vue du droit de préférence qu'au point de vue du droit de suite, après le délai de quarante-cinq jours, prescrit par l'article 6 de la loi du 23 mars 1855? Si nous maintenons l'application de l'art. 2109, le droit de préférence pourra être conservé pendant quinze jours encore, après l'expiration du délai de 45 jours, c'est-à-dire après l'extinction du droit de suite ; dans le cas contraire, le droit de suite et le droit de préférence seront perdus simultanément, en sorte que les questions précédentes se ramènent à la suivante : y a-t-il une survie du droit de préférence au droit de suite, lorsque le privilège du copartageant n'est pas inscrit conformément à l'art. 6 de la loi du 23 mars 1855 ?

Sous l'empire du Code civil, modifié par l'art. 834 du Code de procédure, la même question se présentait. L'art. 2109 réglait, comme aujourd'hui, la conservation du droit de préférence ; l'article 834 subordonnait l'exercice du droit de suite à l'inscription du privilège dans la quinzaine de la transcription de l'acte d'aliénation. En supposant l'aliénation de l'immeuble et la transcription survenues tout de suite après le partage, se posait la question de savoir si l'expiration des quinze jours, qui suivaient la transcription, emportait seulement l'extinction du droit de suite, sans influer sur l'existence du droit de préférence, soumis, quant à sa conservation, à l'inscription dans le délai de 60 jours prescrit par l'art. 2109. Généralement, on enseignait que le droit de préférence, n'étant pas éteint par le défaut d'inscription dans le délai de quinzaine, survivait au droit de suite. Cette opinion, à notre avis, était la seule soutenable en présence du texte de l'art. 834, qui réservait formellement les droits résultant pour le copartageant de l'art. 2109, et restreignait ainsi la déchéance au seul droit de suite. Troplong déclare, à regret, qu'elle est la seule légitime, et il l'expose en ces termes : « D'après l'art. 834 C. pr., toute inscription doit être prise au plus tard

dans la quinzaine qui suit la transcription de l'acte translatif de propriété. Il est cependant ajouté par le même
article, que cette obligation ne préjudicie pas aux droits
résultant aux héritiers de l'art 2109 du Code civil. Or, quel
est le droit que cet article concède aux héritiers ? C'est
qu'il leur suffit de prendre inscription dans les 60 jours du
partage pour conserver leur privilège. Il suit de là, que si
un des héritiers aliène l'immeuble grevé le lendemain de
l'acte de partage, et que l'acquéreur fasse transcrire huit
jours après, le cohéritier privilégié n'en aura pas moins
jusqu'au 60ᵉ jour pour prendre son inscription ; *l'obligation de se faire inscrire dans la quinzaine ne lui sera pas
applicable, et il conservera son privilège à l'égard des
autres créanciers de son cohéritier* ». La même interprétation était donnée par Tarrible, orateur du tribunat, dans
son discours au Corps législatif : « Le droit de préférence,
disait-il, est conservé aux privilégiés, envers les autres
créanciers, tel qu'il était auparavant » (9).

MM. Pont et Dalloz soutiennent que la survie du droit
de préférence au droit de suite doit être également admise
aujourd'hui. Ils refusent de voir une innovation dans
l'art. 6 de la loi de 1855. — Nous ne sommes pas de cet
avis, et nous croyons que l'innovation résulte de l'abrogation de l'art. 834 du Code de procédure. L'alinéa 2 de
cet article était le fondement incontestable de la doctrine
enseignée avant 1855 ; il a disparu, et, avec lui, la réserve
caractéristique du délai accordé au copartageant par l'art.
2109 du Code civil. Désormais, la controverse s'agite sur
l'art. 6 de la loi de 1855 et, sur ce terrain, l'opinion favorable à la survie du droit de préférence nous semble difficile à soutenir. Voici les arguments que l'on a fait valoir :

---

(9) Troplong, *Priv. et hyp.*, 1, p. 173. — Locré, tome 23, 2ᵉ partie, VI,
nᵒ 8, page 175.

Premier argument : M. Pont, après avoir rappelé la distinction fondamentale du droit de suite et du droit de préférence, ajoute : « La loi de 1855, faite dans le but avoué de hâter et d'assurer la libération de l'acquéreur, a été écrite, de même que l'art. 834 du Code de procédure, en vue du droit de suite ; toute la discussion l'atteste. On ne peut donc la considérer, pas plus qu'on ne considérait l'art. 834 du Code de procédure, comme ayant abrogé les dispositions préexistantes de la loi sur le droit de préférence (10). » — Nous avons déjà vu que la rédaction de la nouvelle loi était bien différente de la rédaction de l'art. 834 ; tandis que ce dernier article renvoyait au Code civil et réservait expressément ses dispositions sur le droit de préférence, l'art. 6 de la loi de 1855 ne contient aucun renvoi, aucune réserve analogue, en sorte qu'il semble surgir de ce silence une forte présomption en faveur de notre système. Les anciens auteurs fondaient leur doctrine sur l'alinéa 2 de l'art. 834 ; or, cette disposition est abrogée ; ne semble-t-il pas logique d'appliquer la maxime latine : *cessante causa, cessat effectus?* Mais, dit-on, le droit de préférence est indépendant du droit de suite ; il peut exister sans lui, et l'art. 6 de la loi de 1855 ne vise que le droit de suite. Sans hésitation aucune, nous avons reconnu l'indépendance du droit de préférence, mais sommes-nous, pour cela, obligé d'admettre dans toutes les hypothèses douteuses la survie du droit de préférence? Évidemment non, et, dans l'espèce, nous croyons que l'extinction du droit de préférence est concomitante de celle du droit de suite, parce que ces deux droits sont subordonnés tous deux à une même condition. Nous faisons le même raisonnement que pour le privilège du vendeur, et nous

(10) Pont, *loc. cit.*, n° 318. — Dalloz, v° *Priv et hyp.*, Rép., n° 696. — Dans le même sens, Aubry et Rau, *loc. cit.*, § 278, note 28.

l'empruntons à M. Pont lui-même : « L'art. 6 n'a nullement déterminé les cas où les privilèges sont soumis à la formalité de l'inscription ou en sont dispensés ; il se réfère, à cet égard, au Code civil et signifie seulement que si, d'après le Code, une inscription est nécessaire au créancier pour conserver son droit de préférence, cette inscription devra être prise avant la transcription. » (11) Eh bien ! le privilège du copartageant est subordonné (art. 2109) à une inscription pour la conservation du droit de préférence ; l'art. 6 signifie donc que cette inscription devra être faite avant la transcription de l'aliénation ou dans les 45 jours du partage, si la transcription a eu lieu avant. En d'autres termes, si vous voulez savoir quels sont les privilèges dispensés d'inscription au point de vue du droit de préférence, consultez le Code civil ; mais si vous voulez simplement être fixé sur le délai dans lequel l'inscription doit être *utilement* prise, tant au point de vue du droit de préférence qu'au point de vue du droit de suite, consultez l'art. 6 de la loi du 23 mars 1855. Cette interprétation est consacrée, en ce qui concerne le privilège du vendeur, par le rapporteur de la loi de 1855, M. de Belleyme, dans un passage que nous avons rapporté ci-dessus (12).

Second argument : Pour justifier son opinion, M. Pont écrit encore : « Sans cela, il faudrait dire que le législateur de 1855 a sacrifié le droit légitime des copartageants à des droits qu'il regarde lui-même comme moins favorables, et qu'il a sacrifié ce droit sans profit aucun pour le but qu'il se proposait ; car quel obstacle apporterait à la libération de l'acquéreur la faculté pour le copartageant d'inscrire son privilège dans les quinze jours qui s'écouleront du quarante-cinquième au soixantième ? » Nous voyons bien que

(11) Pont, *loc. cit.*, n° 313.

(12) Voir plus haut, page 151.

l'inconvénient de la survie du droit de préférence ne serait pas grave ; mais là n'est pas la question. Il s'agit de savoir quelle est la portée de l'art. 6 de la loi de 1855 ; et nous ne pouvons penser qu'elle ait laissé subsister cette différence de délais. — Pourquoi le législateur aurait-il voulu traiter le copartageant plus favorablement que le vendeur? Il n'y en a aucune bonne raison. Bien plus, si l'un d'eux avait dû être considéré comme plus favorable aux yeux de la loi, c'est certainement le vendeur, qui, aux termes de l'art. 2108, jouit d'un bénéfice refusé aux copartageants, et peut conserver son droit de préférence pendant un délai indéfini, tandis que le copartageant n'a pour inscrire son privilège qu'un délai de 60 jours. Cependant, il est impossible de soutenir que le vendeur, qui n'a pas inscrit son privilège dans les 45 jours de la revente, conserve son droit de préférence. Si 45 jours ont paru suffire au vendeur pour la conservation de son privilège, tant au point de vue du droit de préférence que du droit de suite, comment supposer qu'ils aient été jugés insuffisants au profit du copartageant, qui n'est certainement pas plus exposé que le vendeur aux conséquences d'une aliéna-tion et d'une transcription précipitées ? L'assimilation du vendeur et du copartageant, en cas d'aliénation de l'im-meuble grevé, a si bien été dans la pensée du législateur de 1855 que, « dans la discussion, on demandait, pour l'un et pour l'autre, précisément les soixante jours concédés au copartageant par l'art. 2109 C. civil (13). »

(13) Flandin, II, p. 310, n° 1142 et suiv. — Bressolles, *Exposé sur la transcription*, n° 84. — Rivière et Huguet, *loc. cit.*, n° 316. — La même solution doit être adoptée pour le privilège des ouvriers et des archi-tectes, qui est soumis au droit commun de l'inscription. Telle était, du reste, l'opinion de tous les auteurs qui écrivaient sous l'empire de l'article 834 (C. pr. civ.)

SECTION II

Survie du droit de préférence en matière de purge

§ 1er. — **Notions générales**

L'acquéreur d'un immeuble, grevé de privilèges et hypothèques utilement conservés, n'a pas plus de droits sur
l'immeuble, que n'en avait le vendeur lui-même ; il est
exposé à l'éviction ; les créanciers hypothécaires ou privilégiés peuvent exercer contre lui le droit de suite, c'est-à-
dire saisir l'immeuble entre ses mains, pour le faire vendre
aux enchères ; car il est leur gage spécial, et répond du
paiement de toutes les créances à la garantie desquelles
il a été affecté. Dans cette situation, le but évident du tiers
acquéreur est de se soustraire aux dangers de la saisie et
de l'expropriation forcée qui en est la conséquence. Pour
atteindre ce but et conserver la propriété de l'immeuble,
il a deux moyens à sa disposition : 1° le paiement de tous
les créanciers hypothécaires ou privilégiés qui peuvent
l'inquiéter ; il n'usera certainement pas de ce procédé, si
les dettes garanties sont supérieures au prix de la vente et
même à la valeur réelle de l'immeuble ; 2° la procédure
de la purge organisée par les articles 2181 et suivants du
Code civil. « Le législateur, dit très-bien Martou, obligé de
faciliter le dégrèvement des immeubles, sous peine d'en
entraver la circulation, vient en aide au tiers acquéreur,
qui désire conserver son acquisition en échappant au délaissement ou à l'expropriation, sans cependant acquitter
l'intégralité des créances privilégiées et hypothécaires que
son prix ne suffit pas à couvrir. Il lui permet d'offrir aux
créanciers inscrits non pas ce qui leur est dû, mais seulement le prix d'acquisition, sauf à eux à requérir la revente de l'immeuble aux enchères publiques, s'ils espèrent

qu'elle produira une somme plus élevée. » (Martou, des privilèges et hypothèques, n° 1371). La purge est donc organisée dans l'intérêt du tiers acquéreur menacé par l'exercice du droit de suite (14); voilà son objet, elle n'en a pas d'autre ; elle dégrève l'immeuble et en assure la propriété à l'acheteur, résultat éminemment favorable à la circulation des immeubles et à la fortune publique ; car, si ce moyen de se débarrasser du droit de suite n'existait pas, les biens grevés de dettes au delà de leur valeur seraient, pour ainsi dire, mis hors du commerce, et personne assurément n'oserait risquer l'acquisition d'un immeuble avec la perspective d'une expropriation impossible à éviter, puisqu'elle ne pourrait l'être que par l'acquittement intégral des charges dont il est affecté. Si l'intérêt des acheteurs explique le bénéfice de la purge, c'est lui aussi qui doit en limiter les effets. Or l'acquéreur ne peut raisonnablement demander qu'une chose, c'est la certitude de rester propriétaire, c'est la disparition des chances d'éviction qui résultent de l'exercice du droit de suite. Il lui importe peu de verser le prix entre les mains de son vendeur ou des créanciers, de payer tel créancier plutôt que tel autre. Les rapports des créanciers entre eux lui sont tout à fait indifférents ; il n'a et ne peut avoir d'autre désir que la consolidation de son droit de propriété par l'extinction de l'action hypothécaire ou du droit de suite ; et voilà pourquoi la purge, qui n'est que le moyen légal d'obtenir cette consolidation, n'a et ne peut avoir d'autre objet que l'extinction du droit de suite. Le droit de préférence est hors de cause ; il ne saurait donc être éteint par l'accomplissement de la purge. C'est dans la procédure d'ordre qu'il apparaît avec son utilité entière ; c'est là qu'il doit s'exercer

(14) Persil, Rapport du 7 février 1847, p. 120. — Voir plus haut p. 87, 88 et 89.

en temps utile sous peine de déchéance. L'article 756 C. pr. civ. fixe un délai dans lequel les créanciers doivent produire ; la sanction de cette obligation est d'extinction du droit de préférence. Ce cas d'extinction n'est pas le seul ; ordinairement, le droit de préférence est éteint par le paiement ou par l'épuisement des deniers provenant de la vente et qui ont été distribués à des créanciers d'un rang préférable. Voilà comment finit le droit de préférence ; en aucun cas, les formalités de la purge n'ont assez de force par elles-mêmes pour emporter sa déchéance, de sorte que nous pouvons conclure, que le droit de préférence survit au droit de suite en matière de purge des privilèges et hypothèques. Pratiquement, cette survie se traduit par les deux propositions suivantes : 1° Le nouveau propriétaire de l'immeuble est à l'abri des poursuites autorisées par les articles 2167 et suivants du Code civil ; 2° Le droit des créanciers sur l'immeuble est transporté sur le prix, définitivement fixé par suite des formalités de la purge, et qui leur sera distribué dans l'ordre de leurs privilèges et hypothèques. « La purge, dit Benech, n'est en vérité qu'une préparation, qu'un acheminement pour arriver à l'extinction de l'hypothèque, car elle est la liquidation nécessairement préalable de la valeur réelle de l'immeuble..... Quand il n'y a que purge, l'extinction se réduit alors à la perte ou au tempérament du droit de suite (15) ».

On oppose l'art. 2180 al. 3, aux termes duquel les privilèges et hypothèques s'*éteignent* par l'accomplissement des formalités et des conditions prescrites aux tiers-détenteurs pour purger les biens par eux acquis ; et l'on soutient que, la loi ne distinguant pas le droit de suite et le droit de préférence, la purge est un mode d'extinction absolu du droit

---

(15) Bénech, *Droit de préférence*, p. 109 et 111, nos XLV et XLVI. — Pont, nos 1231 et 1240.

hypothécaire. — Cette interprétation de l'art. 2180-3° est contraire à la tradition ; nous avons longuement insisté sur l'origine de la purge dans notre ancien droit, et constaté que son unique effet était l'extinction du droit de suite. Cette doctrine était respectée par tous les anciens auteurs, qui ne classaient pas la purge parmi les modes d'extinction des hypothèques ; nous avons notamment cité Domat, Basnage et Pothier, tous unanimes pour décider, que la purge n'était pas un mode d'extinction portant sur l'hypothèque dans son ensemble (16). La loi de messidor an III avait suivi la même méthode. Le tribunal de cassation s'en écarta dans le contre-projet, qu'il présenta lors de la discussion du Code civil, et qui est devenu l'art. 2180 ; il rangea la purge parmi les modes d'extinction, mais en ayant bien soin de préciser, que son intention n'était pas d'innover quant à l'effet de ce nouveau mode d'extinction : « *La transcription, suivie de notification, suivie de surenchère survenue, a pour effet d'effacer toutes les hypothèques dernières en ce qu'elles excèdent le prix dû par l'acquéreur, et de réduire au montant de ce prix les hypothèques entre lesquelles il se distribuera suivant leur rang. C'est le même objet et le même effet que ceux des anciennes lettres de ratification, qui, comme on dit, purgeaient les hypothèques, mais toujours sous l'exception du prix que devait l'acquéreur et qui restait hypothéqué, en premier ordre, sur l'héritage, pour être distribué par rang d'hypothèques* (17). » En pré-

(16) Voir plus haut ch. I. note 18.

(17) Fenet, tome II, p. 614. VIIe observation du tribunal de cassation. La IXe observation de ce tribunal commençait ainsi : « *La forme pour purger les hypothèques, ou plutôt les réduire à la concurrence du prix d'achat, est la plus simple et la plus juste.* » Il résulte clairement de ces termes que, dans la pensée du tribunal, la purge n'a pour effet que la fixation du prix d'achat, mais ne porte aucune atteinte au droit de préférence.

sence de ces explications si nettes et de cette assimilation
certaine entre l'effet des lettres de ratification et de la
nouvelle procédure de purge, il est impossible de se mé-
prendre sur la véritable portée de l'art. 2180-3°. Non, cette
disposition ne rompt pas avec la tradition : « Il ne faut
pas la prendre à la lettre, dit très exactement M. le conseiller Pont, et, quand il place l'accomplissement des formalités et des conditions du purgement parmi les causes
extinctives des sûretés hypothécaires, il faut se souvenir
qu'il fait une simple énumération, et partant reconnaître
qu'il ne *dispose* pas, qu'il ne *préjuge* rien sur les effets
propres au purgement, lesquels sont réglés d'une manière
spéciale dans le chapitre relatif à la purge et notamment
par l'art. 2186. (18) »

§ 2. — Purge des hypothèques inscrites

Les créanciers inscrits ont le droit de suivre l'immeuble
entre les mains de l'acquéreur ; mais ce dernier peut prévenir ou arrêter cette poursuite en recourant à la procédure de purge, organisée par le chapitre VIII du Code civil.
Il mettra les créanciers en demeure de renoncer au droit
de suite ou de l'exercer incontinent sous certaines conditions qui le rendent dangereux. Si l'action hypothécaire
n'a pas encore été mise en mouvement, il peut en prévenir
l'exercice en disant aux créanciers inscrits : Vous avez un
droit qui me menace ; renoncez-y par l'acceptation expresse ou tacite du prix d'achat que je vous offre ; ou bien
exercez-le tout de suite à vos risques et périls, c'est-à-dire
au moyen de la surenchère du dixième (Comb. art.
2183-84-85-86). Par un raisonnement analogue, il arrête
les poursuites hypothécaires déjà commencées : Vous

(18) Pont, n° 1240. — Bénech, *loc. cit.*, p. 109 et suiv. — Aubry et
Rau, § 293 bis. — *Contrà* : Martou, n° 1343.

m'avez, dit-il aux créanciers poursuivants, fait sommation de payer ou de délaisser (art. 2167) : à mon tour, je vous somme d'accepter le prix de vente que je m'engage à payer sur-le-champ, et de renoncer par cette acceptation à la continuation de vos poursuites, ou bien d'épuiser l'exercice du droit de suite par la surenchère du dixième.

L'analyse de la procédure de purge nous conduit donc à la même théorie que la nature et le fondement juridiques du bénéfice qu'elle organise. Si le créancier ne s'arrête pas devant les notifications à fin de purge, s'il surenchérit, il exerce et épuise son droit de suite ; s'il accepte les offres, il renonce à ce même droit. Dans tous les cas, il y a une extinction du droit de suite au profit du tiers acquéreur ; il y a un effet de purge, effet qui est déterminé par la disposition de l'art. 2186, empruntée à la loi de brumaire an VII (art. 32), et qui est ainsi conçue : « A défaut par les créanciers d'avoir requis la mise aux enchères dans le délai et les formes prescrites, la valeur de l'immeuble demeure définitivement fixée au prix stipulé dans le contrat ou déclaré par le nouveau propriétaire, lequel est en conséquence libéré de tout privilège ou hypothèque, en payant ledit prix aux créanciers en ordre de le recevoir ou en consignant. » Ce texte semble établir formellement, surtout si l'on se rappelle les observations précitées du tribunal de cassation, que, malgré l'accomplissement de la purge, l'hypothèque subsiste à l'état de droit de préférence ; car si elle ne survivait pas, il ne pourrait pas être question d'un ordre, c'est-à-dire d'une distribution de deniers, fondée sur le droit hypothécaire.

Cette doctrine est repoussée par certains jurisconsultes ; nous lisons notamment dans l'excellent commentaire de Marlou sur les privilèges et hypothèques (19) : « On a sou-

_____
(19) Marlou, *Privilèges et hypothèques,* n° 1313.

tenu que l'effet juridique de la purge est seulement d'é-
teindre l'un des attributs du privilège ou de l'hypothèque,
le droit de suivre l'immeuble entre les mains du tiers acquéreur, en laissant subsister le droit du créancier d'être
préféré à d'autres sur le prix..... Les auteurs qui partagent
cette manière de voir oublient que le texte de la loi n'attache pas à l'accomplissement des seules formalités de la
purge l'effet d'éteindre les hypothèques, mais bien à l'accomplissement des formalités et des conditions de la purge.
Or parmi ces conditions figure, aux termes exprès de
l'art. 2186, le paiement du prix aux créanciers venant en
ordre utile ou la consignation qui en tient lieu. C'est le fait
de ce paiement, qui clôture la procédure par laquelle le
nouveau propriétaire libère définitivement son acquisition
des privilèges et hypothèques qui la grevaient. Il est donc
vrai de dire que la purge consommée efface à la fois le droit
de préférence et le droit de suite. »

Deux propositions principales résultent de ce passage :
1º la purge se compose à la fois de formalités et de conditions ; les conditions sont le paiement ou la consignation ;
2º la purge ainsi comprise efface en même temps et au
même moment le droit de préférence et le droit de suite.
Observons d'abord que cette opinion conduit à une conséquence inadmissible dans l'hypothèse de la consignation du
prix ; il est impossible d'admettre, (et M. Martou lui-même
n'oserait pas pousser la logique jusqu'à cette dernière extré-
mité), que le fait de la consignation anéantit radicalement
les sûretés hypothécaires des créanciers. Après la consignation, il y a l'ordre, et dans l'ordre s'exerce le droit de
préférence, lequel a donc nécessairement survécu (art. 2186
in fine). « La consignation, disent fort bien Aubry et
Rau, n'a d'autre conséquence que de libérer l'immeuble du lien de l'hypothèque, et laisse subsister sur le prix

les droits respectifs de préférence compétant aux différents créanciers hypothécaires, droits qui restent à régler
par un ordre amiable ou judiciaire » (20). Une théorie, qui
aboutit logiquement à la négation de l'ordre après la consignation du prix de vente, n'a pas pu être consacrée par
la loi. Nous allons voir quelle est la vraie doctrine qui a été
adoptée par les rédacteurs du Code civil dans l'art. 2186.

La purge, selon nous, se compose des formalités prescrites par les art. 2181 et suiv. Le paiement et la consignation ne sont que des faits conditionnels, qui tiennent en
suspens la libération de l'immeuble, dont la véritable cause
se trouve dans la procédure de purge. Il y a là des conditions suspensives du purgement dont, la réalisation a l'effet
rétroactif, qui caractérise toute condition, en sorte que la
purge et sa conséquence naturelle, l'extinction du droit de
suite ou la libération de l'immeuble, ont eu lieu, en
réalité, au moment de l'accomplissement des formalités de
la purge. La condition accomplie rétroagit au moment où
s'est formé le quasi-contrat, qui lie le tiers acquéreur envers
les créancier inscrits. C'est alors que l'hypothèque a été
transformée définitivement en un droit sur le prix, que
le droit de suite a disparu par la renonciation expresse ou
tacite des créanciers, et que l'immeuble a été libéré. C'est
aussi au moment de ce quasi-contrat, que, l'hypothèque
ayant produit son effet légal par l'extinction de l'action
hypothécaire et la libération de l'immeuble, le renouvelle-
ment des inscriptions cesse d'être nécessaire (21). Grâce à la
rétroactivité du paiement ou de la consignation, qui tiennent en suspens toutes ces conséquences de la purge, tout

(20) Aubry et Rau, § 293, note 22.

(21) Troplong, t. III, n° 723. — Martou, n° 1165. — Pont, n° 1060.
Cour de Paris, 16 janvier 1840 (Sirey, 40, 2, 129). — Colmet de Santerre,
tome IX, p. 311. *Contrà* : Aubry et Rau, § 280, note 23. — Req. rej.,
21 mars 1848 (Sirey, 48, 1, 273).

s'explique à merveille ; nous allons aisément nous en convaincre, en faisant l'application de notre doctrine dans les deux hypothèses du paiement et de la consignation.

Première hypothèse : Si la purge est suivie du paiement effectif du prix offert, en vertu de la rétroactivité de ce paiement, la libération de l'immeuble et l'extinction du droit de suite remontent au jour du quasi-contrat d'acceptation des offres ; l'art. 2186 ne s'oppose nullement à ce résultat. Quant au droit de préférence, son extinction ne se produit qu'au moment même du paiement ; car le paiement éteint l'obligation principale, dont l'existence est une condition *sine qua non* d'une cause de préférence quelconque (art. 2180-1°. Il y a donc entre ces deux époques, celle du quasi-contrat d'acceptation des offres et celle du paiement effectif, un intervalle pendant lequel le droit de préférence a survécu au droit de suite.

Il y a même un cas, où le paiement effectif du prix offert par le tiers acquéreur n'éteint pas le droit de préférence des créanciers hypothécaires ; c'est le cas où il y a eu une simulation du prix d'achat dans le contrat de vente et dans les offres faites aux créanciers inscrits par l'acheteur. Les créanciers, qui découvrent la simulation, peuvent-ils exercer le droit de suite contre l'acquéreur ? Non ; sans hésitation aucune il faut reconnaître que les notifications à fin de purge suivies du paiement de la somme offerte, ont définitivement opéré le purgement, et éteint le droit de suite ; c'est, du reste, la conséquence nécessaire des termes mêmes de l'art. 2186, qui certainement ne subordonne l'effet de la purge qu'au paiement *du prix apparent contenu dans le contrat de vente.* Si donc l'acquéreur a revendu l'immeuble, le sous-acquéreur n'aura pas à redouter les poursuites hypothécaires des créanciers, qui prétendraient que le véritable prix a été dissimulé.

Toutefois ces créanciers ne seront pas dépourvus de tout recours ; le droit de suite est perdu, mais ils ont contre l'acquéreur, qui a dissimulé le prix, l'action révocatoire de l'art. 1167. Comme le dit judicieusement M. Pont, « les créanciers laissent à l'écart l'action hypothécaire ; ils invoquent les principes du droit commun consacrés par l'art. 1167. Ils pourraient, en vertu de ces principes, attaquer et faire annuler la vente de leur gage, faite en fraude de leurs droits ; ils le pourraient au cours du délai de la surenchère, et même après avoir surenchéri. A plus forte raison doivent-ils, quand, après l'accomplissement des formalités de la purge, l'immeuble demeure affranchi de tout droit de suite entre les mains du nouveau propriétaire, être admis à réclamer contre les dissimulations de prix faites à leur détriment, et à contraindre l'acquéreur à leur faire raison de la portion dissimulée, qui n'est pas moins leur gage que le prix ostensible (22) ».

En résumé, les créanciers ont un moyen de se faire restituer la portion du prix d'achat dissimulée ; c'est sur cette somme que viendra s'exercer leur droit de préférence qui, dans notre espèce, a survécu même au paiement effectif du prix offert. C'est ce qu'a décidé la Cour de cassation par un arrêt du 21 juillet 1857, dans lequel elle déclare que la portion dissimulée du prix de vente demeure le gage des créanciers du vendeur, et est affectée aux droits de préférence qui peuvent leur appartenir (23).

Seconde hypothèse : Si la purge a été suivie d'une consignation du prix, en vertu de la rétroactivité de cette consignation, la libération de l'immeuble et l'extinction du droit de suite remontent encore au moment du quasi-contrat de l'acceptation des offres. Le droit de préférence n'est

(22) Pont, *loc. cit.*, nᵒˢ 1331 et 1333.
(23) Cass. 21 juillet 1857 (Dal. 57-1-404.)

pas éteint pas la consignation ; il ne disparaîtra que plus tard, quand le paiement aura lieu au profit des créanciers hypothécaires par la caisse des dépôts et consignations ; c'est sur le vu des bordereaux de collocation, délivrés par le juge-commissaire désigné pour procéder à l'ordre, que ce paiement sera effectué. Le droit de préférence aurait, du reste, pu disparaître avant cette époque, si les créanciers hypothécaires avaient négligé de produire à l'ordre en temps utile. La collocation inutile est encore une cause d'extinction du droit de préférence. La combinaison de ces différentes époques fait apparaître bien clairement la survivance du droit de préférence et du droit de suite.

Nous concluons donc que la purge des hypothèques inscrites n'a qu'un effet, l'extinction de l'action hypothécaire ou du droit de suite. Le même résultat est formellement constaté, en matière d'expropriation forcée, par l'art. 717 du Code de procédure, modifié par la loi du 21 mai 1858 : *Le jugement d'adjudication, dûment transcrit, purge toutes les hypothèques, et les créanciers n'ont plus d'action que sur le prix.* Enfin l'art. 17 de la loi du 3 mai 1841 sur l'expropriation pour cause d'utilité publique vient confirmer cette idée que la purge des hypothèques inscrites laisse survivre le droit de collocation des créanciers sur le prix accordé à titre d'indemnité ; en effet, malgré la purge tacite qui résulte du jugement d'expropriation pour cause d'utilité publique, les créanciers conservent leur droit de préférence pourvu qu'ils se soient inscrits en temps utile, c'est-à-dire avant la transcription du jugement d'expropriation ou dans la quinzaine qui a suivi cette transcription. Cette conclusion sur l'effet de la purge des hypothèques inscrites est en parfaite harmonie avec les notions générales exposées plus haut ; nous allons voir maintenant la loi faire une application remarquable de notre théorie à la purge des hypothèques légales dispensées d'inscription.

§ 3. — Purge des hypothèques légales dispensées d'inscription

Avant la loi du 21 mai 1858 sur la saisie immobilière et les ordres, une grande controverse divisait la jurisprudence et la doctrine ; il s'agissait de savoir, si la purge des hypothèques légales dispensées d'inscription et non utilement inscrites, entraînait à la fois l'extinction du droit de suite et du droit de préférence. La question s'agitait sur l'art. 2195 du Code civil. La majorité des auteurs, et un grand nombre de Cours d'appel, rebelles à la jurisprudence de la Cour de cassation, soutenaient que cette purge ne pouvait être invoquée que par les tiers acquéreurs. La Cour de cassation décidait, au contraire, qu'elle profitait aussi aux créanciers hypothécaires, primés par la femme, les mineurs ou les interdits. L'arrêt le plus important sur cette question est celui du 13 février 1852, rendu conformément aux conclusions du rapporteur M. Faustin Hélie et contrairement à celles du procureur général Delangle (24). Nous allons résumer et réfuter rapidement les arguments fournis en faveur de l'opinion de la Cour de cassation ; il serait superflu d'insister longuement, puisque le débat a été tranché par une disposition formelle de la loi du 21 mai 1858, qui forme l'art. 772 du Code de procédure.

Premier Argument : Aux termes de l'art. 2180 3°. C. civ., la purge est un mode d'extinction absolu des hypo-

(24) *Journal du Palais*, 1852, I, 257. La note, mise au bas de l'arrêt, donne un tableau complet de l'état de la doctrine et de la jurisprudence au moment où il a été rendu. Ce recueil reproduit, en outre, presque intégralement le rapport fortement motivé de M. le conseiller Faustin Hélie, ainsi que les conclusions remarquables du procureur général Delangle.

thèques, qui efface aussi bien le droit de préférence que le
droit de suite. Le texte n'établissant aucune distinction, il
faut l'appliquer également aux hypothèques inscrites et aux
hypothèques légales dispensées d'inscription; donc, dans
les deux cas, la purge doit entraîner à la fois la disparition du droit de suite et du droit de préférence. — Nous
avons réfuté par avance cet argument en démontrant :
1° que l'art. 2180 n'a pas la portée que la Cour veut lui
attribuer; la nature de la purge, son but évident, consacrés
par une tradition constante et par les travaux préparatoires
du Code, nous ont prouvé jusqu'à l'évidence qu'elle a été
organisée dans l'intérêt unique des tiers acquéreurs ; 2° que
la purge des hypothèques inscrites laisse subsister le droit
de préférence après la perte du droit de suite, conformément à la théorie rationnelle développée sur l'effet juridique
de la purge en général (art. 2180).

Cette réfutation nous conduit à la conséquence suivante :
comme il serait tout à fait illogique, (et en cela nous
sommes de l'avis de la Cour) de distinguer entre l'effet juridique des deux espèces de purges, nous sommes autorisé à conclure que la purge des hypothèques légales non
inscrites, comme d'ailleurs la purge des hypothèques inscrites, n'efface que le droit de suite, conclusion conforme
à notre doctrine sur la purge, et que nous ne pourrions être
obligé d'abandonner, que si un texte formel prononçait la
double déchéance du droit de suite et du droit de préférence. Ce texte, la Cour de cassation a cru le trouver dans
l'art. 2195. 1° du Code civil.

Deuxième argument : L'art. 2195 1° déclare que, si, dans
les deux mois de l'exposition du contrat, il n'a pas été fait
inscription du chef de la femme, l'immeuble passe à l'acquéreur sans aucune charge; il en résulte que l'hypothèque
légale, ainsi frappée de déchéance en ce qui concerne

l'acquéreur, ne peut conserver sa puissance en ce qui concerne les créanciers, puisque cette déchéance est prononcée sans aucune réserve. C'est là, à notre avis, une pure affirmation ; de ce qu'une déchéance est prononcée à l'égard de l'acquéreur, il est difficile de conclure qu'elle doit s'étendre aux rapports des créanciers entre eux ; les déchéances sont de droit étroit, et sous aucun prétexte, on ne peut les étendre par voie d'analogie ; la Cour semble avoir formellement méconnu cette règle fondamentale d'interprétation. L'immeuble passe à l'acquéreur sans aucune charge ; voilà ce que dit l'art. 2195 1° ; il n'y a donc que l'acquéreur qui puisse profiter du défaut d'inscription. Les créanciers hypothécaires ne peuvent l'invoquer ; dans les rapports de ces créanciers avec les femmes, les mineurs ou les interdits, il n'y a qu'un article à consulter, c'est l'art. 2135, celui précisément qui les dispense de publier leurs droits d'hypothèque. Tel est le sens exact de l'art. 2195 ; il s'impose à la simple lecture de ce texte. Sous l'empire du Code civil l'effet juridique de la purge est donc toujours le même ; qu'il s'agisse de purger les hypothèques inscrites ou celles dispensées d'incription, le résultat est identique ; la purge ne détruit que le droit de suite.

Troisième argument : Enfin la Cour de cassation nie formellement la distinction du droit de suite et du droit de préférence. Dans sa pensée, la femme ou le mineur, qui a perdu le droit de suite, ne peut plus revendiquer un droit de préférence sur le prix, parce que le prix n'est que la représentation de l'immeuble affranchi de l'hypothèque et que le droit de collocation n'est que la continuation et la conséquence du droit de suite. — Cette idée est fondamentale dans l'opinion de la Cour ; les deux arguments qui précèdent n'en sont, en quelque sorte, que des conséquences. C'est parce que la Cour admet l'indivisibilité du

droit de préférence et du droit de suite, qu'elle considère
la purge en général comme un mode d'extinction absolu
des privilèges et hypothèques (art. 2180 3°), et qu'elle interprète dans un sens tout à fait extensif les expressions
évidemment restrictives de l'art. 2195 1°. Nous n'insisterons pourtant pas longtemps sur la réfutation de ce principe ; déjà bien souvent, au cours de cette étude, nous
avons eu l'occasion d'établir l'indépendance du droit de
préférence. L'existence, dans l'ancien droit, d'une hypothèque sur les meubles ne conférant qu'un droit de préférence, et, dans le droit moderne, de privilèges mobiliers
déchus en principe du droit de suite, nous ont prouvé d'une
façon incontestable, que le droit de préférence peut se passer du droit de suite. La survivance du droit de préférence,
établie en matière de privilèges généraux, consacrée par
le Code civil dans l'article 2198 et par l'art. 17 de la loi
du 3 mai 1841, nous fournit une autre preuve non moins
convaincante de la séparation du droit de suite et du droit
de préférence. Mais l'exemple le plus frappant et le plus
remarquable, celui dans lequel s'affirme le plus énergi-
quement la distinction des deux attributs de l'hypothèque,
est incontestablement celui que nous donne, dans notre
hypothèse même, l'art. 772 C. pr. civ. modifié par la loi
du 21 mai 1858.

Nous avons dit que la Cour de cassation déclarait déchus
du droit de préférence les créanciers qui n'avaient pas
obéi à la disposition de l'art. 2195, 1°, et qu'elle fondait
sa jurisprudence sur l'indivisibilité des deux attributs de
l'hypothèque. Le législateur de 1858 a voulu faire cesser
le règne d'une jurisprudence, qu'il considérait comme une
erreur ; il dispose en termes formels, que la purge des
hypothèques dispensées d'inscription n'a qu'un effet, celui d'enlever aux créanciers négligents l'exercice de l'action

hypothécaire ; mais le droit de collocation est respecté. Ainsi est condamnée par la loi elle-même, en des termes sur lesquels la discussion n'est pas possible, cette prétendue indivisibilité du droit de suite et du droit de préférence ; il est en effet impossible de concevoir la survivance du droit de préférence après l'extinction du droit de suite, si on n'admet pas la distinction de ces deux droits. Cette distinction est indiquée d'ailleurs par l'exposé des motifs de la loi de 1858 ; ce qui prouve bien qu'elle était dans la pensée du législateur : « Si le tiers-détenteur veut se débarrasser du droit de suite, il purge l'hypothèque légale, il remplit les formalités de l'art. 2194 ; si la femme ou le mineur ne prennent pas inscription dans les deux mois, le droit de suite n'existe plus ; le tiers-détenteur offre son prix et dit à tous les créanciers hypothécaires : réglez entre vous les droits de préférence et de collocation. La purge qu'il a opérée, il l'a faite dans son intérêt unique ; il n'est pas chargé et il ne s'est pas chargé de défendre les droits des créanciers les uns à l'égard des autres ; il n'a voulu par la purge que soustraire son immeuble au droit de suite. Tout est consommé sur ce point. Quant aux créanciers inscrits, qui s'étaient bien sciemment soumis au droit de préférence de la femme ou du mineur même sans inscription, comment se sont-ils débarrassés de ce droit, qu'aucune loi ne leur a permis de faire disparaître, parce qu'ils l'ont accepté jusqu'au paiement du prix ? Comment la femme ou le mineur, qu'ils n'ont pas interpellés ni mis en demeure, relativement au droit indépendant de leur inscription, ont-ils pu le perdre ? Que s'est-il passé entre eux qui ait pu changer leur position ? On ne le voit pas : le droit de suite a péri parce que la loi, dans un cas déterminé, en avait soumis l'exercice à une inscription ; le droit de préférence demeure parce qu'il dépend de la nature de l'hypothèque

et non de l'inscription (25). » — Voilà les vrais principes ; le
droit de suite et le droit de préférence sont distincts ; ils
peuvent être soumis à des conditions de conservation différentes, dont l'inexécution entraînera leur extinction à
différentes époques. C'était la solution logique avant 1858 ;
c'est pour l'imposer à la Cour de cassation, que la loi
de 1858 a été faite ; l'art. 772 du C. pr. modifié dispose
en effet que le droit de préférence existe sur le prix encore
dû, bien que le droit de suite ait péri par l'expiration du
délai de deux mois ; toutefois, l'existence de ce droit dépend de deux conditions :

Première condition : L'ordre, qui distribuera le prix de
l'immeuble purgé, doit être ouvert dans les trois mois qui
suivent l'expiration du délai de l'art. 2195. — Cette exi-
gence de la loi est bien difficile à justifier ; à vrai dire on
n'en aperçoit pas bien le motif. Au point de vue juridique,
on ne peut en donner aucune raison : « On a voulu, dit
dans un style emphatique le rapporteur M. Riché, abré-
ger la durée de la période d'incertitude et d'anxiété,
qui peut paralyser la circulation du prix de vente et des
diverses créances inscrites : l'épée ne fut suspendue
que quelques heures sur la tête de Damoclès. » La vérité est que la loi de 1858 s'est placée sur un terrain
de conciliation. Deux systèmes étaient en présence ; l'un
voulait l'extinction complète de l'hypothèque légale non
inscrite dans le délai de l'art. 2195, l'autre voulait l'extinction du seul droit de suite. Des partisans de l'un et de
l'autre système se trouvaient dans la commission ; c'est
le principe de la survie du droit de préférence qui l'em-
porta, mais les membres de la commission hostiles à cette

(25) Exposé des motifs de la loi du 21 mai 1858 sur la saisie immobilière et les ordres reproduit, dans le commentaire de M. Séligman,
pages 3 et suiv.

opinion, obtinrent une satisfaction dans la limitation du délai, pendant lequel le droit de préférence pouvait survivre : « Tandis que trois membres de la commission, dit M. Riché, concluaient à l'abolition du droit de préférence, la majorité, obligée d'ailleurs de tenir compte des tendances qui lui ont paru dominer au Conseil d'État, a cru devoir laisser surnager ce droit, mais à des conditions déterminées et dans un délai de faveur limité (26). »

L'insertion dans la loi de notre première condition entraîne forcément cette conséquence, que les mineurs, les interdits et les femmes mariées pourront requérir l'ouverture de l'ordre dans les trois mois qui suivront l'expiration du délai de l'art. 2195-1°. Sans cela, il serait trop facile aux créanciers inscrits de reculer à dessein l'ouverture de l'ordre, et d'amener ainsi, par un retard calculé, la péremption du droit de préférence des créanciers à hypothèques légales non inscrites. Ce point a été soulevé et résolu dans le sens favorable à ces derniers au cours de la discussion devant le Corps législatif. M. Colmet de Santerre fait observer très judicieusement, que rien n'est plus conforme à l'esprit qui a dicté la règle dont il s'agit ; puisqu'on voulait éviter les incertitudes sur la situation des divers créanciers, il était logique de multiplier le nombre des personnes qui auraient le droit de provoquer l'ordre.

En résumé, le droit de préférence ne pourra survivre dans les trois cas suivants : 1° s'il n'y a pas d'ordre, faute de créanciers inscrits ; 2° si les créanciers inscrits s'entendent, même avant les 3 mois, avec le vendeur et l'acheteur pour faire un arrangement amiable devant notaire ou par acte sous seing privé ; 3° si l'ordre n'intervient qu'après les 3 mois.

(26) Rapport fait au nom de la commission du Corps législatif par M. Riché, député (voir Seligman, *loc. cit.*, pages 31 et suiv.).

Seconde condition : — L'art. 772 *in fine* renvoie à la disposition finale de l'art. 717 C. pr. — Les créanciers à hypothèques légales dispensées d'inscription, qui n'ont pas inscrit dans le délai de l'art. 2195 C. civ., ne conservent leur droit de préférence sur le prix, qu'à la condition de produire avant l'expiration du délai fixé par l'art. 754, dans le cas où l'ordre se règle judiciairement (ce délai est de 40 jours après la sommation de produire signifiée aux créanciers inscrits), et de faire valoir leur droit avant la clôture de l'ordre, si l'ordre se règle amiablement, conformément aux articles 751 et 752 C. pr. — Cette seconde condition, qui est le résultat d'une combinaison des art. 2195 C. civ., 717 et 772 C. pr., n'est que l'application des principes du droit commun sur les forclusions en matière d'ordre : il est donc inutile d'y insister.

Nous nous sommes toujours occupé de l'aliénation volontaire. En cas d'expropriation forcée, les règles sont les mêmes ; elles sont écrites dans l'art. 717 *in fine* C. pr. Le jugement d'adjudication purge les hypothèques légales dispensées d'inscription comme les hypothèques inscrites; mais la purge ne s'attaque qu'au droit de suite. Les créanciers conservent leur droit de préférence, bien qu'ils n'aient pas requis l'inscription du jugement d'adjudication, pourvu qu'ils aient rempli les deux conditions ci-dessus mentionnées.

En matière d'expropriation pour cause d'utilité publique, la loi de 1858 sur les ordres et les deux conditions qu'elle impose (art. 717 et 772 C. pr.) ne reçoivent pas leur application. Les règles à suivre nous sont données par l'art. 17 de la loi du 3 mai 1841 ainsi conçu : « Dans la quinzaine de la transcription, les privilèges et les hypothèques conventionnelles, judiciaires ou légales doivent être inscrits. — A défaut d'inscription dans ce délai, l'immeuble exproprié sera affranchi de tous privilèges et hypothèques, de quelque nature qu'ils soient, *sans préjudice des droits des femmes, mineurs et interdits sur le montant de l'indemnité, tant qu'elle n'a pas été payée ou que l'ordre n'a pas été réglé définitivement entre les créanciers.* » La disposition de cet article est donc très simple. Elle constate l'effet de la purge qui est l'affranchissement de l'immeuble et l'extinction de l'action hypothécaire, mais elle réserve formellement le droit de préférence des créanciers dispensés d'inscription, consacrant ainsi d'une façon remarquable l'indépendance de ce droit, le seul essentiel dans le système hypothécaire.

SECTION III.

Renonciation de la femme à l'hypothèque légale en faveur du tiers acquéreur.

Aux termes de l'art. 2180-2°, les privilèges et hypothèques s'éteignent par la renonciation. L'acte par lequel le créancier renonce à ses sûretés hypothécaires est un acte unilatéral; aucun texte n'oblige ceux qui doivent en bénéficier à faire une déclaration d'acceptation pour en rendre les effets irrévocables. La renonciation est donc un fait accompli, dès que le créancier a manifesté clairement son intention d'abdiquer le privilège ou l'hypothèque; elle peut être expresse ou tacite. La renonciation expresse résulte d'une volonté manifestée en termes formels, la renonciation tacite s'induit de faits qui impliquent l'intention de renoncer, par exemple, du concours d'un créancier hypothécaire à l'aliénation de l'immeuble hypothéqué. « Le débiteur, dit Pothier, n'ayant pas besoin du consentement de son créancier pour aliéner ses héritages avec la charge des hypothèques, le consentement du créancier ne peut être requis et donné pour une autre fin que pour remettre son hypothèque (27). »

§ 1er. — Effet extinctif de la renonciation.

La renonciation expresse ou tacite emporte l'extinction du droit de suite et du droit de préférence ; l'art. 2180-2° ne distingue pas ; toutefois, l'intention des parties peut être différente, et notamment le renonçant peut limiter l'effet de la renonciation au seul droit de suite ; il obtiendra ce résultat, en insérant par exemple la clause : la renonciation n'a lieu qu'en faveur de l'acquéreur. Dans cette hypothèse, il serait très exact de dire, que renonciation vaut *purge*. La Cour de cassation fait une application remarquable de cette idée lorsque la femme renonce à son hypothèque légale en faveur de l'acquéreur d'un immeuble de son mari (28). Cette interprétation a trouvé des contradicteurs dans la doctrine ainsi que dans la juriprudence, et d'autres opinions ont été produites.

Première opinion : — Certains auteurs prétendent que la renonciation de la femme à son hypothèque légale en faveur du tiers acquéreur a un caractère investitif ; tous les avantages de l'hypothèque seraient transportés au bénéficiaire de la renonciation, en sorte que le tiers acquéreur serait mis au lieu et place de la femme renonçante, qui perdrait ainsi à la fois le droit de suite et le droit de préférence. Tel est l'avis de Troplong qui ne fait aucune différence entre la renonciation et la cession, et traite de subtilités toutes les distinctions qu'on essaie de faire entre les deux espèces

---

(27) Pothier, *Traité des hypothèques*, ch. III, § 5 et *Intr. au titre XX la coutume d'Orléans*, sect. IV, n° 62.

(28) Cassation, Req. 21 février 1849 (J. Pal. 1850, II, 66). — Rej. 6 novembre 1853 (Dal. 55, I, 449).

d'actes (29). Proudhon, dans son *traité de l'usufruit*, donne la même solution : « L'aliénation du fonds, consentie par les deux époux, opère nécessairement au profit de l'acquéreur le transport de tous les droits des vendeurs; *la femme n'aliène pas moins son droit d'hypothèque sur le fonds vendu*, que le mari son droit de propriété sur le même fonds, puisque l'acte de vente, consenti simultanément par eux, emporte, par sa nature, la cession des droits que l'un et l'autre avaient dans la chose (30). » Telle paraît être aussi l'opinion de M. Bertauld et de MM. Aubry et Rau, qui considèrent la renonciation comme translative, « en ce sens que l'acquéreur qui, après avoir payé son prix, se trouve obligé de purger ou de délaisser, peut, dans l'ordre ouvert sur le mari, exercer à l'encontre des créanciers postérieurs en rang à la femme les droits hypothécaires de celle-ci » (31). — Les auteurs précités s'appuient sur l'art. 9 de la loi du 23 mars 1855, qui assimile la renonciation et la cession ; mais ils nous paraissent exagérer la portée de cette disposition, qui ne vise qu'une seule espèce de renonciations, les renonciations translatives (comme cela résulte de la première partie du texte, combinée avec la seconde ainsi conçue : *et les cessionnaires en sont saisis* etc...), tandis qu'il existe, après comme avant la loi de 1855, une autre espèce de renonciations, les renonciations extinctives. « Nous n'avons pas voulu, dit le rapporteur M. de Belleyme, modifier, en quoi que ce soit, la législation relative aux droits de la femme mariée en matière de cession et de renonciation à une

(29) Troplong, *Priv. et hyp.*, n° 600.

(30) Proudhon, *De l'usufruit*, n° 2310.

(31) Aubry et Rau, III, § 288 *bis*, note 30. — Bertauld, *Traité de la subrogation à l'hypothèque légale de la femme*, n° 50. — Voir aussi Colmet de Santerre, tome IX, p. 156.

hypothèque légale. » Or, avant la loi de 1855, aucun texte
ne visait la renonciation à l'hypothèque. si ce n'est l'art.
2180-2°; la jurisprudence seule avait fourni les éléments
d'une théorie de la subrogation à l'hypothèque légale de
la femme. et le plus souvent, il est vrai, elle décidait que
la renonciation avait le même effet translatif que la subrogation ; seulement, la règle en cette matière étant
donnée par la volonté des contractants, il en résultait
que certaines clauses ne pouvaient être interprétées dans
le sens d'une véritable subrogation. C'est ce qui avait
lieu pour la clause suivante : La femme s'engage à
ne pas se prévaloir de son hypothèque à l'encontre de
l'acquéreur ; il est, en effet, bien difficile d'attribuer à
cette clause les effets d'une subrogation-cession. Nous
sommes donc convaincu qu'après 1855 comme avant la
renonciation en faveur de l'acquéreur a un caractère extinctif (32).

2° *Opinion* : — Tenant compte de l'intention des parties
formellement contraire à l'idée d'une renonciation translative, la Cour de Caen a décidé que la renonciation avait
un effet absolument extinctif. Dans ce système comme
dans le précédent, la femme est dépouillée de son droit
de suite, mais voici en quoi ils diffèrent: l'acquéreur,
n'étant pas investi du droit hypothécaire de la femme
renonçante, n'est pas le seul qui puisse profiter de sa
renonciation. Elle peut être opposée par tout tiers intéressé, par toute personne, que lèserait l'exercice du droit
de préférence de la femme, et spécialement par les autres créanciers du mari vendeur. La Cour d'Amiens a
décidé dans cet ordre d'idées que le concours de la femme
à la vente d'un immeuble du mari ou de la communauté a
pour effet non seulement d'affranchir l'acquéreur du droit

(32) Mourlon, *De la transcription*, II, n° 954.

de suite, mais d'autoriser le mari à disposer des fonds provenant de la vente ; en conséquence, elle permet au cessionnaire du mari d'opposer à la femme sa renonciation (33). — Cette opinion ne nous paraît pas juridique ; elle viole l'art. 1165 du Code civil, d'après lequel les conventions n'ont d'effet qu'entre les parties contractantes et ne peuvent profiter aux tiers. La renonciation n'est intervenue qu'entre la femme et le tiers acquéreur, qui l'a stipulée pour lui seul, et doit seul en bénéficier (34).

3° *opinion :* — La femme renonçante perd son droit de préférence aussi bien que le droit de suite, si le tiers-acquéreur y est intéressé. Ce système est adopté par Mourlon dans son Traité des subrogations personnelles (35); il conduit aux conséquences suivantes : 1° Lorsque la femme renonçante n'est en présence que de créanciers chirographaires du mari, son droit de préférence reste intact ; car elle peut l'exercer contre eux, sans causer aucun préjudice à l'acquéreur ; 2° Lorsque la femme se trouve en conflit avec des créanciers hypothécaires de son mari, une distinction devient nécessaire. Elle conservera son droit de préférence et pourra l'exercer sur le prix de vente à l'encontre de ces créanciers, si les notifications à fin de purge n'ont pas été suivies de surenchère dans le délai légal (art. 2185), parce que, dans cette hypothèse, le tiers-acquéreur n'éprouve directement ni indirectement aucun préjudice ; mais il en sera tout autrement dans le cas où les créanciers hypothécaires primés par la femme, se voyant enlever une portion du prix de vente, usent de

(33) Cour de Caen, 26 avril 1852. — Cour d'Amiens, 3 mars 1853 (J. Pal. 1853, I, 691).

(34) Cette violation de l'art. 1165 du Code civil a été mise en relief par un arrêt de la cour de cassation du 14 janvier 1817 (Del. *Répertoire,* au mot *Privilèges,* n° 1003).

(35) *Traité des subrogations personnelles,* p. 609.

faculté du surenchérir inscrite dans la loi. Dans ce cas, la
il est facile de voir que la surenchère a pour cause évidente
l'exercice du droit de préférence de la femme renonçante.
Le tiers-acquéreur étant exposé à une éviction par suite
de l'hypothèque de la femme éteinte à son profit, il peut
donc invoquer l'extinction de son droit de préférence et se
faire autoriser par justice à distribuer aux créanciers hypothécaires inférieurs la somme pour laquelle la femme serait
colloquée à leur détriment ; il préviendra ainsi la surenchère dont il était menacé. — Cette opinion échappe à
l'objection fondée sur l'art. 1165 du Code civil ; mais elle
n'est certainement pas conforme à l'intention probable
des parties qui doit être souveraine dans notre matière ;
aussi Mourlon lui-même l'a-t-il abandonnée dans son
traité si remarquable de la transcription ; il nous explique
son changement d'opinion en ces termes : « Les renseignements, que nous avons pris près des hommes d'affaires,
nous ont convaincu que cette interprétation ne répondrait
point à l'intention réelle des parties... La femme, qui renonce à son hypothèque en faveur de l'acquéreur et borne
là sa participation à l'acte de vente, n'entend nullement
s'associer, conjointement ou solidairement, à l'obligation
de garantie de son mari. Elle promet son abstention ; elle
n'inquiétera point l'acquéreur ; elle n'agira contre lui ni
par voie de délaissement ni par réquisition de surenchère ;
mais elle ne s'engage en aucune façon à le protéger contre
les poursuites dont il pourra être l'objet du chef des créanciers inscrits (36). »

    4° *opinion :* — La femme renonçante n'a perdu que son

(36) Mourlon, *Transcription*, nᵒˢ 956 et 957, et Pont, *Priv. et hyp.*,
nᵒ 485 : « Le droit de suite seulement est éteint, dit l'éminent conseiller;
désormais, l'acquéreur est à couvert de toute surenchère, tant de la part
de la femme que de la part de ses subrogés postérieurs à la vente ; mais
c'est tout. »

droit de suite ; son droit de préférence reste intact. Ce système est consacré par la Cour de cassation, qui décide que le concours de la femme à la vente d'un immeuble de son mari n'emporte de sa part renonciation à son hypothèque légale sur cet immeuble qu'en ce qui concerne l'immeuble même et au profit du tiers-acquéreur seulement ; la femme conserve le bénéfice de son hypothèque sur le prix de la vente à l'encontre des créanciers hypothécaires postérieurs ; en d'autres termes, la Cour attribue à la renonciation un effet extinctif, qui efface le droit de suite, tout en respectant le droit de préférence. Voici quelle était l'espèce sur laquelle la chambre des requêtes avait à statuer (37) : « Le sieur Sachet avait hypothéqué ses immeubles à la garantie d'une obligation, souscrite conjointement par lui et par la dame Sachet, son épouse, au profit des sieurs Rave, Delandine et autres. La dame Sachet subrogea ces derniers dans son hypothèque légale sur les biens de son mari. Plus tard, le sieur Sachet vendit plusieurs immeubles à lui appartenant et un immeuble dépendant de la communauté, la dame Sachet concourut à la vente..... Un ordre s'ouvrit pour la distribution du prix des biens vendus. Le règlement provisoire colloqua au premier rang les créanciers subrogés dans l'hypothèque légale de la dame Sachet et la dame Sachet au second rang. » Les syndics du sieur Sachet (depuis tombé en faillite), ont contesté la collocation de la dame Sachet, en soutenant entre autres choses, qu'elle ne pouvait exercer son hypothèque sur les biens communs qu'elle avait vendus conjointement avec son mari, parce qu'elle était censée avoir renoncé à son hypothèque légale sur ces biens à

(37) Cass. Req. 21 février 1849 (J. Pal. 1850, II, 66). — Voir aussi, Cass. 20 août 1816, (Dal. *Rép.* au mot *Privilèges*, n° 1002); Cour d'Amiens, 16 février 1854.(J. Pal. 1854, II, 397), et Cour de Lyon, 15 mai 1847 (Sirey 1848, II, 193).

raison de l'obligation où elle était de garantir l'acquéreur contre toute éviction. Le tribunal de Charolles a maintenu le règlement d'ordre ; sur l'appel des syndics, la cour de Dijon a confirmé ce règlement, lequel a été enfin souverainement consacré par un arrêt de rejet de la chambre des requêtes, auquel nous empruntons ce motif important : — « Attendu que la dame Sachet, en vendant conjointement avec son mari plusieurs immeubles, et en garantissant les effets de cette vente à l'acquéreur, ne s'est, en aucune façon, enlevé le droit de demander le paiement du prix de vente à cet acquéreur, demande qui n'était que l'exécution et non la violation d'un contrat : — Rejette etc... » Cette doctrine de la Cour de cassation est surtout remarquable parce que, contrairement aux idées émises par elle dans son fameux arrêt de 1852 sur l'effet de la purge des hypothèques légales dispensées d'inscription, elle consacre la distinction du droit de suite et du droit de préférence par hypothèque, revenant ainsi à l'application des vrais principes. — Sans hésitation aucune, nous nous rallions à l'opinion de la Cour de cassation ; lorsque la femme assiste à la vente d'un immeuble du mari, elle n'a qu'un seul but, libérer l'immeuble entre les mains de l'acheteur et le dispenser, à son égard du moins, de l'obligation de purger ; pour obtenir ce résultat il lui a suffi de renoncer au droit de suite, à son action hypothécaire. « En se dessaisissant en faveur de l'acquéreur, dit très-exactement Martou, des droits qu'elle pouvait exercer sur l'immeuble, la femme a eu pour but et pour résultat de lui assurer, en ce qui la concernait, la propriété paisible et incommutable de l'immeuble, mais nullement d'abdiquer toute prétention sur le prix en faveur de tiers restés étrangers à la renonciation (38). » — Nous concluons donc que

(38) Martou, *Priv. et hyp.*, n° 934.

lorsque la femme renonce soit expressément soit tacitement en faveur de l'acquéreur d'un immeuble de son mari, elle n'abdique que le droit de suite sous ses deux formes, le droit de saisie et le droit de surenchère ; le droit de préférence lui reste ; il y a donc un cas de survie du droit de préférence au droit de suite.

§ 2. — Conséquences.

Le système, que nous venons de développer sur l'effet de la renonciation de la femme à son hypothèque légale au profit du tiers acquéreur, nous conduit directement à la solution d'une question très controversée, qui peut se formuler en ces termes : L'acquéreur, en faveur duquel la femme a renoncé à son hypothèque légale, peut-il, s'il s'est contenté de faire transcrire l'acte de vente et n'a pas requis l'inscription ou la mention prescrites par l'art. 9 de la loi du 23 mars 1855, opposer cette renonciation aux tiers que la femme a depuis subrogés dans cette hypothèque et qui ont requis l'inscription ou la mention prescrites par l'art. 9 ? — Nous croyons que le tiers acquéreur n'a pas besoin de recourir à l'inscription ou à la mention exigées par le législateur de 1855, parce que l'art. 9 de la loi du 23 mars 1855 ne vise que les cessions et les renonciations *translatives de droits* ; or nous avons démontré que la renonciation de la femme à son hypothèque légale en faveur du tiers acquéreur était purement extinctive. La publicité qui résulte de la transcription de l'acte de vente suffit pour avertir les tiers ; ces derniers en effet, lorsque la femme leur offre de les subroger dans son hypothèque légale, peuvent se renseigner exactement sur sa situation hypothécaire ; ils n'ont qu'à consulter : 1° le registre des inscriptions ; 2° le registre des transcriptions. Le registre des inscriptions leur indiquera si la femme a consenti déjà d'autres subrogations. Le registre des transcriptions leur indiquera si l'immeuble grevé a été aliéné, et quelles ont été les conditions de cette aliénation. Au nombre de ces conditions se trouvera nécessairement celle de la renonciation de la femme, de sorte que les tiers subrogés n'ignoreront l'existence de cette clause, que s'ils sont négligents; ils doivent alors subir les conséquences de leur négligence.

Cette opinion a été adoptée par un jugement du tribunal de la Flèche du 26 août 1878 et un autre jugement du tribunal de Beaune du 28 août 1879 (39). Le tribunal de la Flèche s'exprime ainsi : « Considérant que l'art. 9 ne s'applique qu'aux cessionnaires de l'hypothèque légale des femmes mariées, et que l'acquéreur ne peut être considéré comme un cessionnaire ; que la renonciation d'une femme mariée à son hypothèque légale en faveur de l'acquéreur ayant pour objet d'éteindre cette hypothèque, ce dernier n'est pas dans la nécessité d'accomplir la formalité de l'inscription, etc... »

Cette décision a été écartée par un jugement du tribunal de Charolles du 6 septembre 1879, qui exige du tiers acquéreur l'inscription de la renonciation ou la mention en marge, conformément à l'art. 9 de la loi du 23 mars 1855: «Attendu, dit ce tribunal, que le mode de publicité, édicté par l'art. 9 de cette loi ne saurait être suppléé par un autre mode ayant un tout autre objet, et spécialement par la transcription du contrat de vente, contenant désistement par la femme au profit de l'acquéreur de son hypothèque légale sur l'immeuble vendu etc.... » Ce jugement, con-

---

(39) Ces deux jugements sont rapportés dans le *Journal du Palais*, année 1880 pages 700 et suivantes. Une consultation des notaires de Beaune est conçue dans le sens de l'opinion émise au texte (voir la note du Journal du Palais).

forme à un arrêt de la Cour de Lyon du 22 décembre 1863, a été annulé par un arrêt de la Cour de Dijon du 4 août 1880 (40), qui adopte la solution des tribunaux de la Flèche et de Beaune; les motifs donnés par la Cour de Dijon ont déjà été suffisamment développés; nous n'y reviendrons pas ; mais il en est un, remarquable entre tous, et que nous devons signaler: « Considérant, dit la Cour, que l'art. 9 de la loi de 1855 n'impose pas seulement l'obligation de la publicité ; *qu'il exige de plus que la renonciation soit faite par un acte authentique, et qu'on ne saurait admettre que le législateur ait voulu soumettre à cette formalité toutes les ventes dans lesquelles la femme renonce à son hypothèque légale, lorsque l'intérêt des tiers étant déjà suffisamment sauvegardé, rien ne justifierait plus une dérogation aux principes du code civil aussi onéreuse pour la propriété.* » Nous sommes de l'avis de la Cour sur ce point important et nous croyons que la renonciation de la femme à son hypothèque légale en faveur du tiers-acquéreur peut résulter d'un acte sous seing privé. Les deux questions sont connexes ; si l'on admet que l'art. 9 de la loi de 1855 n'est pas applicable à la renonciation de la femme en ce qui concerne l'authenticité de l'acte duquel elle peut résulter, il faut admettre aussi que cet article ne lui est pas applicable au point de vue de la publicité par inscription ou mention en marge de l'inscription existante.

SECTION IV.

Survie du droit de préférence dans le cas de l'article 2198 du Code civil.

L'article 2198 suppose que le conservateur des hypo-

(40) L'arrêt de la cour de Lyon est analysé par M. Labbé (J. Pal. 1864, page 231, voir la note). L'arrêt de la cour de Dijon est rapporté par le *Journal du Palais*, année 1880, page 1224.

thèques a fait une omission ; il a oublié de mentionner une
ou plusieurs inscriptions dans le certificat délivré à l'acquéreur. Quelles vont être les conséquences de cet oubli ?
Un immeuble est vendu ; l'acquéreur veut se débarrasser
des privilèges et hypothèques dont il est affecté ; il veut
purger. La première formalité nécessaire remplie, la transcription effectuée, il doit faire les motifications à fin de
purge exigées par l'art. 2183 et il demande un certificat
d'inscriptions au conservateur. Par sa faute, le conservateur néglige de mentionner un créancier hypothécaire ou
privilégié ; évidemment l'acquéreur qui n'est pas averti de
l'existence de ce créancier ne remplit pas à son égard les
formalités de la purge. La loi se trouve alors en présence de
deux personnes également favorables, le créancier omis
vis-à-vis duquel les formalités de la purge n'ont pas été
remplies et qui semble devoir conserver intactes toutes ses
prérogatives hypothécaires, le tiers acquéreur qui a obéi à
toutes les injonctions de la loi, et a été dans l'impossibilité
de remplir les formalités à l'encontre d'un créancier dont
il ignorait l'existence. La loi s'est prononcée en faveur du
tiers acquéreur ; elle considère comme effectuées les formalités qui n'ont pu l'être par la faute du conservateur,
et déclare éteinte l'action hypothécaire du créancier omis ;
son droit de suite disparaît donc, comme celui des autres
créanciers compris dans le purgement. Le motif de cette
solution est surtout le désir de favoriser la circulation des
immeubles, et d'en faciliter le dégrèvement : deux situations également favorables sollicitaient l'attention du législateur ; il s'est prononcé pour celle qui était la plus intéressante au point de vue du crédit public.

  Le créancier omis perd son droit de suite, il est sacrifié à l'acquéreur, mais il ne perd pas son droit de préférence ; les autres créanciers postérieurs étaient avertis par

l'inscription : ils ont dû consulter les registres quand ils ont obtenu leur propre hypothèque. Rien n'est changé dans leurs rapports avec le créancier omis. La seule décision de la loi est la suivante : Les formalités de la purge, rendues impossibles par l'omission d'un créancier hypothécaire ou privilégié sur le certificat d'inscription, *seront réputées accomplies ;* si elles l'avaient été, le droit de suite aurait été perdu pour tous les créanciers inscrits, le droit de préférence aurait survécu : il en est de même, si l'omission a eu lieu par la faute du conservateur ; tous les créanciers, y compris le créancier omis, ont perdu le droit de suite, mais le droit de préférence a survécu. L'article 2198 nous fournit donc un argument irréfutable en faveur de la distinction du droit de suite et du droit de préférence par hypothèque.

RÉSUMÉ ET CONCLUSION

L'étude du droit moderne, comme celle du droit romain, de l'ancienne jurisprudence et de la législation transitoire, nous conduit aux propositions suivantes :

1° Le développement de la maxime : *Meuble n'a pas de suite par hypothèque*, empruntée au droit commun coutumier par l'art. 2119 du Code civil, prouve surabondamment que le droit de préférence peut se passer du droit de suite (voir ch. II).

2° Le droit de suite peut disparaître, sans que le droit de préférence soit atteint ; en d'autres termes le droit de préférence peut survivre au droit de suite. Cette proposition, non moins remarquable que la première, et qui bat complètement en brèche l'indivisibilité prétendue des deux attributs du droit hypothécaire, résulte des exemples nombreux, approfondis dans notre troisième et dernier chapitre, et dans lesquels nous voyons la déchéance du droit de suite n'exercer aucune influence sur l'existence du droit de préférence. Ces exemples nous ont été fournis par la combinaison souvent très délicate des principes qui régissent les privilèges sur les immeubles, par la matière si importante de la purge, enfin par l'art. 2198 du Code civil. Quelques-uns sont vivement contestés ; nous nous sommes efforcé de démontrer, quelles raisons militaient en faveur de la survivance du droit de préférence ; cependant libre de toute idée préconçue, nous n'avons pas hésité à combattre dans certaines hypothèses l'opinion favorable à cette survie, mais en respectant toujours la distinction fonda-

mentale du droit de suite et du droit de préférence, nettement accusée dans plusieurs textes, et spécialement dans
l'art. 2198 du Code civil, l'art. 17 de la loi du 3 mai 1841,
et l'art. 772 du Code de procédure, modifié par la loi du
21 mai 1858 sur la saisie immobilière et l'ordre.

3° La troisième proposition, qui nous servira de conclusion, n'est que la résultante nécessaire des deux premières.
Nous pouvons la formuler ainsi : Le droit de préférence
est le seul attribut essentiel du privilège ou de l'hypothèque,
le droit de suite n'est que de leur nature ; ces deux droits,
dont l'indivisibilité ne peut sérieusement être soutenue
en présence de la volonté contraire affirmée à plusieurs
reprises par le législateur, sont essentiellement distincts ;
ils diffèrent non seulement par leur objet et le moment où
ils s'exercent, mais quelquefois aussi par leurs conditions
d'existence; c'est dans cette dernière hypothèse que nous
avons eu à constater la survie du droit de préférence. Distinction du droit de suite et du droit de préférence, indépendance de ce dernier, telle est notre conclusion.

Dernièrement, une objection toute nouvelle a été adres-
sée à cette conclusion ; on lui a reproché de n'être pas
complète. Le tribunal civil de Bayonne voudrait y ajouter
un troisième élément, *l'indépendance du droit de suite ;*
d'après lui, la distinction entre les deux attributs du droit
hypothécaire est si complète, si absolue, qu'il en arrive à
concevoir la possibilité d'un droit de suite existant pendant un certain temps tout seul, et vivant d'une existence
propre, indépendante. Ce qui rend cette nouveauté encore
plus intéressante, c'est qu'elle n'a pas germé dans l'ima-
gination subtile d'un jurisconsulte ; elle a pris naissance
dans la pratique ; c'est un procès, qui a suscité l'éclosion
d'une théorie nouvelle, jusqu'alors considérée comme impossible et irréalisable, et qui consiste à admettre la survie

du droit de suite au droit de préférence. Le jugement du
tribunal civil de Bayonne, qui formule cette théorie, a été
signalé à l'attention du monde juridique par M. Lar-
naude, agrégé de la faculté de Bordeaux, dans une excellente dissertation publiée par la *Revue critique* (1).

Voici les faits qui ont donné lieu au procès :

Un individu meurt en laissant une succession, qui n'est
acceptée que sous bénéfice d'inventaire. Le *de cujus* avait
été tuteur, et se trouvait débiteur à sa mort, par suite de sa
gestion, d'une certaine somme envers son ancien pupille.
Ce dernier, qui était déjà majeur depuis un certain nombre d'années lors du décès de son ex-tuteur, avait négligé
de faire incrire son hypothèque légale dans l'année de son
arrivée à la majorité. Aussitôt après le décès de son ancien tuteur, il se décide enfin à faire effectuer cette inscription. Sur ces entrefaites, on met en vente un immeuble
dépendant de la succession, et l'adjudicataire fait aux
créanciers inscrits les notifications prescrites par l'art.
2183 du Code civil. La question s'élève alors de savoir si
l'ancien pupille, qui n'a fait inscrire son hypothèque légale
que plusieurs années après sor arrivée à la majorité et
postérieurement au décès de son tuteur, suivi d'acceptation bénéficiaire de sa succession, peut exercer le droit que
confère l'art. 2185 C. civ. à tout créancier inscrit, c'est-à-
dire faire la surenchère du dixième.

L'espèce soumise au tribunal civil de Bayonne prévoit le
cas d'une hypothèque légale ; mais la question est plus
générale ; elle peut s'élever à propos d'une hypothèque
conventionnelle ou judiciaire ; elle met en jeu l'art. 2146
C. civ., et sa solution dépend de l'interprétation de cet
article. Il s'agit de savoir si, en cas de mort d'un débiteur,

(1) Année 1880, pages 193 et suivantes.

accompagnée d'une acceptation de la succession sous
bénéfice d'inventaire, l'inscription d'une hypothèque quelconque, existant avant le décès, mais publiée après, peut
donner au créancier le droit de surenchérir, c'est-à-dire
l'exercice du droit de suite. Le droit de préférence est
perdu, sans aucun doute ; l'art. 2146 est formel : l'inscription, prise depuis l'ouverture de la succession, ne produit
aucun effet *entre les créanciers*, si l'acceptation a eu lieu
bénéficiairement. La déchéance va-t-elle s'étendre aussi
au droit de suite ? L'extinction du droit de préférence en-
traîne-t-elle nécessairement celle du droit de suite ?
Faut-il décider au contraire que ce dernier survit ?

Le tribunal de Bayonne répond affirmativement et produit les arguments suivants :

Premier argument : Le droit de suite est un droit dis-
tinct, indépendant, et qui peut avoir une existence propre ;
l'extinction du droit de préférence ne préjuge pas celle du
droit de suite, et rien, en principe, ne peut s'opposer à
ce que les créanciers, qui ne se sont inscrits qu'après l'acceptation bénéficiaire, jouissent de la faculté de surenchérir, dont l'utilité évidente consistera à faire porter le prix
de l'immeuble à sa plus haute valeur au profit de tous les
créanciers indistinctement.

Sans doute, il est certain que l'exercice du droit de suite
pourrait être très avantageux aux créanciers de la succession, qui n'ont requis leur inscription qu'après l'acceptation bénéficiaire ; mais, si l'on ne conçoit pas d'action
sans intérêt, la réciproque n'est pas vraie ; à tout intérêt
ne correspond pas nécessairement une action, et c'est ce
qui a lieu dans notre espèce. Il est tout à fait contraire
aux principes, qui régissent les rapports du droit de préférence et du droit de suite, de décider que ce dernier peut
exister seul après l'extinction du premier. Le droit de

suite n'est qu'une conséquence du droit de préférence ; il est son auxiliaire le plus utile, mais il n'est qu'un auxiliaire, c'est-à-dire un droit accessoire, qui emprunte sa vie et sa raison d'être au droit principal ; l'existence du droit de suite est donc intimement liée à celle du droit de préférence, *accessorium enim sequitur principale*. C'est ici le cas de renverser le raisonnement que la Cour de cassation faisait, bien à tort, pour le droit de préférence dans son fameux arrêt de 1852 sur l'effet juridique de la purge des hypothèques légales : « Le prix, disait la Cour, n'est que la représentation de l'immeuble affranchi de l'hypothèque, et le droit de collocation ou de préférence n'est que la continuation et *la conséquence du droit de suite*. » C'est justement le contraire qui est vrai ; le droit essentiel en matière hypothécaire est le droit de préférence ; quant au droit de suite, il n'est qu'une sauvegarde, une garantie complémentaire, un moyen donné aux créanciers privilégiés et hypothécaires de poursuivre le bien grevé entre les mains d'un tiers détenteur quelconque, pour en obtenir la réalisation et exercer leur droit de préférence sur le prix (Voir plus haut pages 105 et 106) Voilà pourquoi le droit de suite, ou la faculté de surenchérir, qui est une des formes sous lesquelles il se produit et s'exerce dans la pratique, ne peuvent se concevoir que si le droit de préférence, qui est l'essence de la sûreté hypothécaire, existe et lui sert de soutien.

Second argument : Le tribunal de Bayonne fonde son opinion sur l'art. 2146 C. civ.; dans sa pensée, ce texte ne prononce contre les créanciers héréditaires, inscrits après l'acceptation bénéficiaire, que la déchéance du droit de préférence, mais il ne touche nullement au droit de suite qui subsiste avec tous ses attributs, le droit de saisie et le droit de surenchère. Le tribunal appuie cette affirmation :

1° Sur les termes mêmes du texte : *Les inscriptions ne produisent aucun effet... entre les créanciers d'une succession* si elles n'ont eu lieu que depuis l'ouverture, et dans le cas où la succession n'est acceptée que par bénéfice d'inventaire. — *A contrario,* les inscriptions tardives produisent leur effet contre les tiers, qui ne sont pas des cocréanciers, c'est-à-dire contre les tiers acquéreurs. L'action hypothécaire est donc vivifiée par ces inscriptions ; elles conservent le droit de suite ;

2° Sur l'esprit du texte : Lorsqu'une succession est acceptée sous bénéfice d'inventaire, il y a une présomption d'insolvabilité, qui doit faire fixer l'état du patrimoine d'une façon définitive au profit des créanciers ; voilà pourquoi l'art. 2146 al. 2 n'a qu'un but, empêcher les créanciers héréditaires de se créer après l'ouverture de la succession bénéficiaire des causes de préférence.

Cet argument n'est pas plus solide que le précédent. Non, ni les termes du texte, ni son esprit ne consacrent la conséquence anti-juridique, que l'on veut déduire de la distinction du droit de préférence et du droit de suite, en proclamant l'indépendance de ce dernier.

1° Quant aux expressions de l'art. 2146 : *Les inscriptions ne produisent d'effet..... entre les créanciers,* elles sont détournées de leur véritable sens ; pour établir leur signification exacte, il faut lire le texte en son entier, et se pénétrer de sa méthodologie. L'art. 2146 pose d'abord une règle absolue, applicable sans contestation possible, au droit de suite comme au droit de préférence : « Les inscriptions... n'ont aucun effet, si elles sont prises dans le délai pendant lequel les actes faits avant l'ouverture des faillites sont déclarés nuls. » Puis le texte al. 2 veut étendre la même solution à l'hypothèse où les créanciers d'une succession ne prennent leur inscription qu'après son acceptation bénéficiaire. Cette assimilation de la faillite et de l'acceptation bénéficiaire est indiquée aussi clairement que possible par ces mots : *il en est de même.* Il est vrai que le texte a peut-être le tort d'ajouter *entre les créanciers d'une succession ;* mais ce vice de rédaction, si vice il y a, ne peut suffire pour fonder une théorie, qui heurte les principes juridiques les plus certains, comme nous l'avons démontré en réfutant le premier argument. D'ailleurs, il est possible d'expliquer et même de justifier cette prétendue défectuosité. Les rédacteurs du Code, imbus de cette idée, inscrite dans les art. 2093-94 et suiv., que le droit de préférence fait le fond de la sûreté hypothécaire et en est la base essentielle, ont pu croire qu'en dépouillant les créanciers héréditaires négligents de leur droit de préférence, ils lui enlevaient la sûreté hypothécaire, dont elle est le fondement, y compris son auxiliaire, le droit de suite. En conséquence, pour qui va au fond des choses, la rédaction du second alinéa de l'art. 2146 C. civ. est en parfaite harmonie avec celle du premier, comme le commencement du texte elle signifie : *l'inscription tardive ne produit aucun effet ;* seulement elle exprime ce résultat *sous une autre forme.* Le législateur a sapé l'hypothèque non inscrite pendant le délai légal, dans son fondement essentiel, le droit de préférence, sûr que, la destruction du principal entraînant celle de l'accessoire, l'inscription sera totalement impuissante, et ne pourra *produire aucun effet.*

2° L'esprit du texte n'est pas plus favorable à l'opinion du tribunal que ses termes mêmes. Il n'est pas en effet exact de dire que l'article 2146, al. 2., est fondé sur une présomption d'insolvabilité. « Sa décision découle, écrit M. Colmet de Santerre, d'une idée qui se résume ainsi : l'inscription est comme la confirmation de l'hypothèque ;

or, la confirmation ne peut pas avoir lieu, quand la constitution serait impossible. L'héritier bénéficiaire ne pourrait
pas, sans abdiquer sa qualité, constituer une hypothèque;
or, la loi ne peut pas le dépouiller de sa qualité, parce que
un créancier prendrait une inscription ; donc l'inscription
ne peut pas avoir l'effet confirmatif qu'elle a par nature,
puisqu'elle a pour but de faire naître d'une façon
effective le droit de préférence (2). » Le second alinéa
de l'art. 2146 n'a donc pas pour cause la présomption
d'insolvabilité de la succession ; il ne repose pas sur le désir
de fixer définitivement les rapports respectifs des créanciers héréditaires ; telle n'est pas son origine, sa raison
d'être. Le fondement de ce texte est tout autre, il est plus
théorique. Les principes s'opposent à ce qu'un héritier
bénéficiaire constitue une hypothèque sur les immeubles
de la succession ; la confirmation n'est pas non plus possible ; elle est soumise aux mêmes règles que la constitution
d'hypothèque elle-même. L'inscription, n'étant que la confirmation pratique de l'hypothèque, devait être logiquement interdite. L'art. 2146 al. 2 n'a pas d'autre but ; il
déclare que les hypothèques ne pourront être *confirmées
par une inscription* prise alors que l'on se trouve en présence d'un héritier bénéficiaire. Mais si tel est le sens de
ce texte, est-il rationnellement possible de séparer le droit
de préférence et le droit de suite, de scinder les effets de la
confirmation et de dire : La confirmation de l'hypothèque,
impossible quant au droit de préférence, l'est quant au
droit de suite ? Non, l'héritier bénéficiaire n'a pas le droit
de consentir une hypothèque, qui produise un simple droit
de suite, personne n'oserait le soutenir ; donc, en présence
d'un héritier bénéficiaire, la confirmation d'une hypothè-

(2). Colmet de Santerre, *Cours analytique*, tome IX, p. 250.

que ne peut avoir lieu, même au point de vue du droit de
suite.

La discussion, que nous venons de terminer, nous confirme donc dans notre conclusion : Le droit de préférence
et le droit de suite sont deux attributs distincts, le droit
de préférence est indépendant du droit de suite, mais le
droit de suite ne peut avoir une existence propre, indépendante de celle du droit de préférence.

POSITIONS

DROIT ROMAIN.

I. — La constitution de l'empereur Léon, rendue en l'an 469 de notre ère, n'établit pas une préférence du *pignus publicum* sur le *pignus privatum;* son but est de trancher une question de preuve. L. 11. Cod. VIII-18. (Voir pages 11 et 12).

II. — Si Titius, après avoir consenti une hypothèque à Primus, vend sa chose à Mœvius, l'hypothèque privilégiée, née du chef de cet acheteur au profit de Secundus, doit l'emporter sur l'hypothèque de Primus; il faut toujours appliquer la règle « *Privilegia non ex tempore sed ex causâ æstimantur* », et ne pas faire intervenir une nouvelle cause de préférence au profit des créanciers, qui ont acquis leur hypothèque du chef d'un précédent propriétaire. (Voir pages 12 et 13).

III. — L'hypothèque des créanciers postérieurs n'est pas une hypothèque conditionnelle, subordonnée au désintéressement du premier créancier (Voir pages 62, 63 et suivantes).

IV. — Tous les créanciers hypothécaires ont le *jus distrahendi*, mais c'est le premier seul qui a la plénitude du

droit hypothécaire et peut, par l'aliénation, dégrever la
chose des hypothèques qui la grevaient (Voir pages 38 et
suivantes).

V. — Le créancier hypothécaire, qui vend le gage, est
garant de l'éviction, qui a pour cause un défaut de droit
en sa personne (Voir pages 50 et suivantes).

VI. — Le premier créancier vendeur doit distribuer
l'hyperocha aux créanciers postérieurs dans l'ordre respectif de leurs hypothèques. A l'hypothèque primitive,
qui reposait sur la chose vendue, a succédé un nouveau
droit qui porte sur cette *hyperocha*, un *pignus nominis*,
qui permet à ces créanciers d'exercer *utilitatis causâ*, en
vertu d'une cession tacite, l'*actio pigneratitia* du débiteur
(Voir pages 58 et suivantes).

DROIT CIVIL.

I. — En matière de privilèges et hypothèques, le droit
de préférence et le droit de suite sont parfaitement distincts.

II. — Lorsque les meubles, déplacés sans le consentement du propriétaire, ont été vendus sur un marché public à un acheteur de bonne foi, la revendication du bailleur ne peut être admise, même dans le délai de l'art.
2102, que moyennant le remboursement du prix d'acquisition (art. 2280) (Voir pages 118, 119 et suiv.)

III. — Quel que soit le mode d'aliénation employé, qu'il
s'agisse d'une vente amiable ou d'une vente aux enchères

publiques, le droit de préférence du vendeur privilégié peut s'exercer sur le prix (Voir pages 121, 122 et suiv.).

IV. — La séparation des patrimoines ne confère qu'un droit de préférence aux créanciers héréditaires (Voir pages 131, 132 et suiv.).

V. — La transcription de l'acte d'aliénation d'un immeuble, grevé de privilèges généraux non inscrits, n'efface que le droit de suite (art. 6 de la loi du 23 mars 1855); mais le droit de préférence survit, parce que sa conservation est dispensée d'inscription par l'art. 2107 du Code civil (Voir pages 144, 145 et suiv.).

VI. — En cas d'aliénation, suivie de transcription, le délai de 60 jours, accordé au copartageant privilégié par l'art. 2109 du Code civil, est supprimé par l'art. 6 de la loi du 23 mars 1855; son privilège ne peut être utilement conservé, même au point de vue du droit de préférence, que dans le délai de 45 jours prescrit par cette loi (Voir pages 155, 156 et suiv.).

VII. — L'effet juridique de la purge, consacré par une tradition constante et les textes de nos codes, est l'extinction du droit de suite; elle laisse subsister le droit de préférence (Voir pages 162, 163 et suiv.).

VIII. — La renonciation de la femme à son hypothèque légale au profit d'un tiers acquéreur de l'immeuble du mari n'efface que le droit de suite; la femme conserve le droit de collocation sur le prix de l'aliénation (Voir pages 181, 182 et suiv.).

IX. — En conséquence de l'effet purement extinctif de la renonciation, le tiers-acquéreur, qui s'est contenté de faire transcrire l'acte de vente, et n'a pas requis l'inscription ou la mention exigées par l'art. 9 de la loi du 23 mars 1855, peut tout de même invoquer cette renonciation contre les tiers, que la femme a subrogés depuis dans son hypothèque légale, et qui se sont conformés aux règles de publicité prescrites par l'article 9 précité (Voir pages 189, 190 et suiv.).

X. — La distinction du droit de préférence et du droit de suite n'entraîne pas comme conséquence l'indépendance du droit de suite ; ce dernier ne peut survivre au droit de préférence (art. 2146 du Code civil.) (Voir pages. 195, 196 et suiv.).

DROIT CRIMINEL.

I. — Le fait de tirer un coup de feu dans la chambre et à la place, occupés habituellement par une personne, *fortuitement absente à ce moment*, ne constitue pas une tentative d'homicide. Généralisant, nous disons que l'impossibilité, même relative, de réaliser le but prémédité s'oppose à ce qu'il y ait une tentative caractérisée et punissable dans le sens de l'article 2 du Code pénal. — *Contra*. Cour de cassation, chambre criminelle, 12 avril 1877 (Dalloz, 1878, I, 33).

II. — Les causes d'aggravation ou d'atténuation, qui affectent en plus ou en moins la criminalité même du fait, et constituent un élément constitutif de l'infraction, doivent étendre leur influence sur le complice.

DROIT INTERNATIONAL.

I. — La dévolution héréditaire des biens laissés par un étranger en France doit se faire conformément à la distinction suivante : La succession immobilière est régie par la loi française, la succession mobilière par la loi nationale *eud jus*.

II. — L'article 2 de la loi du 14 juillet 1819, qui dispose que, dans le cas de partage d'une même succession entre des cohéritiers étrangers et français, ceux-ci prélèveront sur les biens situés en France une portion égale à la valeur des biens situés en pays étranger, dont ils seraient exclus en vertu des lois et des coutumes locales, ne s'applique pas au cas où il n'y a que des cohéritiers français concourant entre eux. *Contrà*. Cassation, ch. civ. 27 avril 1868. (Dal. 68, 1, 302). Cour de Paris, 14 janvier 1873 (Dal. 74. 2, 234).

Vu par le doyen de la Faculté :
CH. BEUDANT.

Vu par le président de la thèse :
LABBÉ.

Vu et permis d'imprimer :
Le vice-recteur de l'Académie de Paris
GRÉARD.

TABLE DES MATIÈRES

Châteauroux — Imp Nuret, MAJESTÉ, successeur